일러두기

1. 인용된 글들은 저자의 필요에 따라 원문을 부분적으로 수정하기도 했다.

2. 이 책의 서술 성격상 본문에서 생략된 인용 출처는 책 말미의 〈참고문헌〉 항목에서 각 꼭지별로 밝혔다.

* 일러두기

1. 인용된 글들은 저자의 필요에 따라 원문을 부분적으로 수정하기도 했다.

2. 이 책의 서술 성격상 본문에서 생략된 인용 출처는 책 말미의 〈참고문헌〉 항목에서 각 꼭지별로 밝혔다.

명사, 그들이 만난 고전

# 한 권의 책이
# 한 사람의 인생을 바꾼다

임영택 · 박현찬 지음

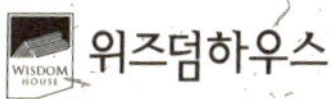

위즈덤하우스

—

# 평생 간직할 한 권의 책을 가슴에 심자!

자신의 분야에서 남보다 뛰어난 성과를 보여준 사람은 어김없이 모두가 독서광이었다. 한국의 젊은이들이 가장 닮고 싶은 '롤 모델'로 꼽는 안철수, 지금은 경영 일선에서 물러나 사회 공익 부문에 열정을 쏟고 있는 빌 게이츠, 중국 삼국시대 통일의 기반을 닦았던 조조가 모두 그러했다.

안철수는 초등학교 때 학교 도서관에 있는 거의 모든 책을 읽었다고 한다. 지금도 그는 늘 책을 곁에 두고 산다. 책벌레로 유명하며 활자중독증 환자로 불릴 정도다. 어떤 일을 시작하려면 관련된 책을 먼저 읽는다는 그는 바둑을 배우기 전에 바둑책을 보고 연구하는 형이다.

빌 게이츠도 초등학교 시절 못 말리는 독서광이었다. 열 살이 되기 전에 백과사전을 처음부터 끝까지 읽어버렸다. 그는 "오늘날의 나를 있게 한 것은 학교가 아니라 동네 도서관이다. 지금도 평일에는 최소한 매일 밤 한 시간, 주말에는 서너 시간의 독서 시간을 가지려고 한다. 이런 독서가 나의 안목을 넓혀준다"고 말하면서 독서가 자신의 삶에 얼마나 많은 영향을 주었는가를 들려준다.

중국 삼국시대 영웅인 조조도 독서광이었다. 평생 전쟁터를 누비면서도 잠시도 책을 손에서 놓지 않았던 그는《손자병법》을 자신의 관점에서 요약하고 정리하여 장수들을 교육시킬 정도였다. 천하통일을 다투던 오나라의 손권조차 "조조는 나이가 들어서도 책 읽기를 게을리하지 않는다"고 말하면서 신하에게 독서를 권했다.

성공한 사람들의 독서 이력을 말하자면 끝이 없다. 물론 독서를 많이 한 사람 모두가 성공하는 것은 아니겠지만 성공한 사람 중에 독서를 게을리한 사람은 거의 없었다. 자신의 분야에서 뚜렷한 발자취를 남긴 사람들 대부분은 평생 책 읽는 재미에 빠져 지냈다. 때로는 한 권의 책이 그들의 꿈과 미래를 결정한 경우도 있었다. 물론 책이 우리가 알고 있는 성공한 사람들에게만 가치가 있는 것은 아니다. 오르막과 내리막이 거듭되는 인생에서 스스로를 통제하고 자신의 꿈을 좇는 모든 사람들에게 책은 거울이자 길잡이가 된다.

이 책은 한 권의 책을 통해 용기를 얻거나, 평생의 꿈을 간직했거나,

살아 갈 방향을 정한 열네 명의 인물 이야기다. 등장하는 인물은 잘 알려진 위인일 수도 있고, 낯선 인물일 수도 있다. 하지만 대체로 정치, 경제, 사회, 문화, 학문 등 다양한 분야에서 롤 모델이 될 만한 사람들이다. 동양과 서양을 아우르고, 역사에 자취를 남긴 인물과 현재 우리와 함께 호흡하는 인물을 안배했다. 부디 주인공 열네 명의 삶을 깊이 있게 이해할 수 있는 계기가 되기를 바란다.

더불어, 이 책은 열네 명의 인물이 읽은 한 권의 책 이야기이기도 하다. 그렇다고 해서 한 인물이 읽은 한 권의 책을 단순히 소개하는 것이 저자의 의도는 아니다. 그보다는 한 권의 책이 인물에게 구체적으로 어떤 영향을 주었는지에 초점을 맞추었다. 책과 인물의 관계를 보여주기 위해 심혈을 기울였다. 또한 이 책은 열네 명의 인물이 한 권의 책을 통해 느꼈거나 느꼈음직한 또는 우리가 느껴야 할 가치의 이야기이기도 하다.

요컨대 열네 명의 인물, 열네 권의 책, 열네 개의 주제 메시지가 톱니

바퀴처럼 맞물려 있는 이 책을 읽으면 등장인물들이 한 권의 책을 통해 어떤 영향을 받았으며 우리는 무엇을 느낄 수 있는지를 알게 될 것이다. 이런 과정을 통해 우리 모두가 저마다 평생을 함께할 단 한 권의 책이라도 가슴에 품었으면 하는 것이 필자의 간절한 바람이다.

영국 신문《가디언》에《죽을 때 가장 후회하는 다섯 가지The Top Five Regrets of the Dying》라는 책이 소개되어 화제가 된 적이 있다. 오스트레일리아의 간호사 브로니 웨어가 죽음을 앞둔 환자들을 돌본 경험을 쓴 책으로, 환자들이 죽을 때 가장 후회하는 다섯 가지가 나온다. 내가 원하는 삶이 아닌 다른 사람이 기대하는 삶을 산 것, 너무 일만 열심히 한 것, 감정을 솔직하게 표현하지 못한 것, 친구들을 잘 챙기지 못한 것, 일상의 틀을 벗어나지 못하고 현실에 만족한 채 살아버린 것이 그것이다. 한 가지 한 가지가 가슴에 비수가 되어 꽂힌다. 필자는 여기에 한 가지를, 그것도 제일 앞에 보태고 싶다. 그것은 '평생을 함께 할 책 한 권을 갖지 못한 것'이다.

프랑스의 철학자 데카르트는 "좋은 책을 읽는 것은 과거의 가장 뛰어난 사람들과 만나는 것과 같다"고 말했다. 아무리 훌륭한 책이라도 한 권의 좋은 책이 내일 당장 우리의 인생을 바꾸지는 않는다. 하지만 그 한 권의 책을 반복해서 읽으며 의미를 되새기다보면 자신도 알지 못하는 사이에 변화와 성장이 이루어지는 지점에 도달할 수 있다.

한 권의 좋은 책을 통해 자신의 꿈을 발견하고 소명을 따르고 있는 열네 명 주인공, 필자는 그들의 삶을 한동안 나의 인생인 양 부둥켜안고 살았다. 평생을 함께 할 책 한 권을 찾는 자세로 그들이 읽은 책을 그들과 독자들의 관점에서 읽고 또 읽었다. 이제 작은 보람과 함께 아쉬움을 가슴에 묻으며, 정성껏 키운 열네 명의 딸을 시집보내는 심정으로 이 책을 독자들 손에 건넨다.

이 책은 많은 사람들에게 빚을 지고 있다. 출판을 선뜻 허락하여 준 위즈덤하우스의 연준혁 대표, 집필을 마무리하는 기간에 누구보다 여러모로 힘이 되어 주었던 이용배 친구. 특히 한 사람에게는 이 책의 집필 과정뿐 아니라 살아오면서 많은 빚을 지고 있다. 선배라는 단 한 가지 이유만으로 지금까지 필자에게 일방적으로 베풀기만 했던 김상수 선배는 시골집 뒷동산의 소나무다. 얼마 동안 그들만의 전투를 묵묵히 치르고 있는 아내와 아들에게도 가슴에만 묻어두었던 고마움을 전한다. 열일곱 살 아들 녀석 손에 제일 먼저 따끈따끈한 이 책을 쥐어 주어야겠다. 마지막으로 평생 책을 손에서 놓지 않으시며 독서의 중요성을 일깨워주시고 몇 년 전에 작고하신 아버님의 영전에, 남다른 자존감과 지혜로움을 여전히 간직하고 계신 어머님 무릎 앞에 이 책을 바친다.

2013년 5월

저자를 대표해서 임영택

차례

# 공감능력이
# 사람을 움직인다

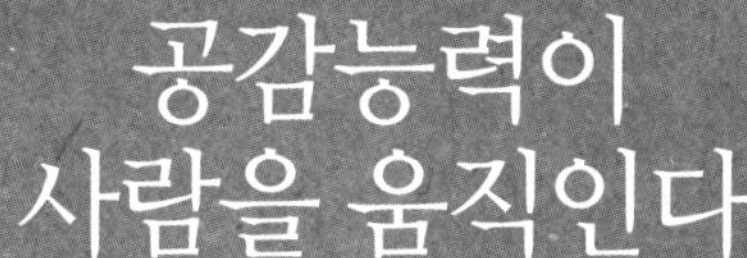

—

병아리를 좋아하는 소년이 있다. 소년은 애지중지하며 커다란 닭이 되도록 병아리를 키웠다. 그런데 어느 날 갑자기 닭이 사라졌다. 소년은 그날 저녁 병아리 때부터 정성들여 키운 닭이 가족의 밥상에 오른 걸 보고 펑펑 울었다. 가족의 영양분이 되어버린 병아리를 대신해서 이번에는 토끼를 사다 길렀다. 토끼에게 먹이를 주고 토끼장 청소도 혼자서 해냈다. 토끼와 대화를 나누는 것이 너무나 즐거웠기 때문이다. 소년 시절의 안철수(1962~)는 내성적인 성격 때문인지 주로 혼자서도 잘할 수 있는 동식물 기르기나 독서를 즐겨하며 자랐다. 그가 글을 깨친 것은 초등학교 1학년 때였다. 글을 읽을 수 있게 된 뒤부터는 책에 빠져들었는데 학교 도서관에 있는 거의 모든 책을 읽을 정도로 글자라고 생긴 것은 가리지 않고 읽어나갔다. 안철수가 책을 읽는 방식에는 조금 다른 점이 있었다. 소설책을 즐겨 읽었는데, 반 이상 읽다보면 소설 속 인물들과 헤어지는 것이 서운해서 기분까지 슬퍼졌다고 한다. 보통은 소설을 읽은 뒤 줄거리나 주제를 떠올리는 사람들이 많지만, 안철수에게는 등장인물들이 가장 기억에 남았다. 그것은 소설 속 인물이 처한 어려움이나 그들이 하는 말과 행동에 제일 먼저 관심이 가고 공감을 했기 때문이다. 아마도 안철수는 천성적으로 동물이든 사람이든 함께 대화를 하고 고민을 나누는 일을 즐기는 성향을 갖고 있는지 모른다.

안철수의 아버지는 의사였는데 아들도 자신처럼 의사가 되기를 원했다. 전자공학과나 수학과에 뜻을 두고 있던 안철수에게 아버지의 바람은 짐이 되었다. 하지만 부모님을 기쁘게 해드리는 것이 자식 된 도리라고 생각한 안철수는 자기의 적성에 맞지 않는다고 생각했지만 의과대학에 진학했다. 의대생이 된 안철수는 서울 구로동에서 한 동안 무료 진료 봉사활동을 했다. 그 시기에 관절염을 앓고 있는 할머니를 진료한 적이 있었다. 할머니는 움직일 수 없어서 중학교 1학년 손녀가 신문배달을 해서 생계를 유지하고 있었다. 몇 달 뒤 할머니 댁에 다시 들렀을 때는, 손녀는 가출했고 할머니는 혼자 지내다 외로이 죽음을 맞이한 후였다. 이때를 회상하며 안철수는 "숱한 책을 읽으면서 가난한 사람, 어려운 사람을 돕는 이야기들도 많이 접했지만 막상 그런 광경을 지켜보면서 어떤 가닥도 잡히지 않았다. 배운 사람의 도리 같은 것을 생각하니 마음은 더 답답했다. 함께 살아가는 사회에서 각자가 해야 할 역할에 대한 고민은 이때부터 시작되었다"고 말했다.

이후에 의사, 벤처사업가, 교수로 성실하게 자신의 인생을 꾸려왔던 안철수는 2011년 가을 서울시장 보궐선거를 전후해 단숨에 정계에 돌풍의 핵으로 떠올랐다. 언론에서는 그에 대한 대중의 폭발적인 관심과 기대를 '안철수 현상'이라고 불렀다. 이러한 '안철수 현상'에 대해 그는 '미래 가치와 옛 체제의 충돌'이라고 그 성격을 정의했다. "국민들의 생각이나 개인의 생각을 반영하지 못하는 정당들, 계층 이동이 자유롭지 못한 사회구조, 빈부격차가 심해지고 새로운 일자리를 만들지 못하는 경제시스템"을 옛 체제의 예로 들었다. 그러면서 "과거보다는 미래를, 대립보다는 화합과 소통으로 사회문제를 해결하는 게 중요한데 서로 싸우기만 한다"고 지적했다. 그는 정치권의 공감 노력의 부족을 비판하고 미래의 관점에서 현재와 과거를 바라보아야 한다고 강조한다. 그가 꿈꾸는 세상은 사람들이 열린 마음으로 대화하고 고통도 함께 나누는 화합과 소통의 세상이었다.

독서광인 안철수는 책을 통해 인간과 사회에 대한 인식의 지평을 넓혀왔다. 그가 읽은《역사란 무엇인가What is history?》(1961)에 나오는 "역사는 현재와 과거의 끊임없는 대화다"는 표현은 이 책의 냄새를 맡았거나 구경만 한 사람, 또는 전혀 읽지 않은 사람조차 알 정도로 유명하다. 에드워드 카(1892~1982)가 쓴《역사란 무엇인가》에 보면 역사란 역사가와 사실들의 지속적인 '상호작용'의 과정, 현재와 과거의 끊임없는 '대화'이며 더 나아가 역사란 과거의 사건들과 미래의 목적들 사이의 '대화'라는 표현이 나온다.

역사가는 자신의 가설을 뒷받침할 사실을 만들어내고, 또한 자신이 알고 있는 사실에 맞추어 가설을 만들어내는 과정을 끊임없이 반복한다. 인간과 환경의 관계를 떠올려보면 이해하는 데 도움이 될 것이다. 인간은 자신의 환경에서 자유로울 수 없으며 영향을 받을 수밖에 없다. 그렇다고 환경에 완전히 굴복하거나 무조건 따르지도 않는다. 인간은 의식적인 실천을 통해 자신이 처한 환경을 지배하거나 바꾸기도 한다.

사실과 상호작용하는 역사가는 현재에 속하며, 사실은 과거에 속한다. 역사가는 현재의 관점에서 과거의 사실을 바라보고, 과거의 사실은 현재의 역사가의 관점에 영향을 준다. 현재의 역사가와 과거의 사실은 인간과 환경의 관계처럼 서로 끊임없이 영향을 주고받는다. 이런 의미에서 역사란 역사가와 그의 사실들의 지속적인 상호작용의 과정, 현재와 과거의 끊임없는 대화인 것이다.

《역사란 무엇인가》는 역사가가 현재와 과거뿐 아니라 미래까지 포괄할 것을 주문한다. 역사란 과거의 사건들과 서서히 등장하고 있는 미래의 목적들 사이의 대화라고 말한다. 단순히 현재의 관점에서 과거를 바라보는 것을 넘어 미래에 중요한 가치의 관점에서 과거를 바라보는 것이 올바른 역사가의 입장이라는 의미다. 예컨대, 미래에 우리 한민족에게 통일이 중요한 목적이라면, 통일의 관점에서 과거 분단의 원인을 해석하고 통일의 방향과 방법을 보여주는 것이 역사가의 임무라는 말이다. 역사란 현재, 과거, 미래 사이의 대화라는 말의 의미만 제대로 알아도《역사란 무엇인가》에서 한 건 건진 셈이다.

미래의 관점에서 현재와 과거를 바라보는 안철수의 생각은《역사란 무엇인가》의 역사란 현재, 과거, 미래 사이의 대화라는 역사관에 빚을 지고 있다. 대화의 본질은 일방적이 아니라 쌍방향적이다. 대화가 일방적일 때는 대화가 아니라 독백에 불과하다.《역사란 무엇인가》에 나오는 대화는 쌍방향으로 흐르는 상호작용을 의미한다. 안철수가 늘 주장하는 공감은 대화의 본질인 상호작용을 전제로 한다. 서로가 다른 사람의 입장에 서볼 때 공감이 이루어진다. 그런데 공감은 그가 중요하다고 말한 화합과 소통의 기본조건이기도 하다. 서로가 상대방의 감정이나 의견에 가까워지려고 노력할 때 갈등을 해소하고 통할 수 있다.《역사란 무엇인가》의 역사관은 안철수의 핵심 코드인 '공감'과 만난다.

안철수와 공감철학의 접점이 되어준 카의《역사란 무엇인가》는 역사 전공자나 역사 공부에 뜻이 있는 사람의 필독서다. 역사를 공부하는 사람뿐 아니라 일반인에게도 교양서로 가치가 충분하여 고전의 위치에 있다. 이 책이 고전이라고 해서 지레 겁먹을 필요는 없다. 그다지 어렵지 않다. 종종 이름도 모르는 역사가, 철학자, 과학자 등이 등장하지만 카가 설명을 잘해주어 쉽게 읽을 수 있다.《역사란 무엇인가》는 그의 모교인 영국 케임브리지 대학에서 강연했던 자료를 펴낸 책이다. 강의 자료였기에 자신의 생각을 쉽게 전달하는 일이 중요했지 전문적으로 표현하는 것이 목적은 아니었다.

《역사란 무엇인가》는 알려져 있는 과거의 모든 사실이 역사는 아니며 역사가가 '선택'했을 때 '역사적 사실historical fact'이 된다고 말한다. 예컨대, 고려시대 최씨 무신정권에서 몽골의 침입을 받자 도읍을 개경(지금의 개성)에서 강화도로 옮긴 적이 있었다. 이때 무신정권의 집권자는 최우였다. 최우 이전과 이후에도 수없이 많은 사람들이 개경에서 강화도로 가는 길을 지나갔다. 역사가는 최우가 강화도로 간 사실은 역사적 사실로 선택해 기록하지만 다른 사람들의 이야기는 관심 밖의 일이다. 누가 고기를 잡으러, 돈을 벌겠다고, 결혼하러 또는 죄를 짓고 강화도로 갔든 역사가의 눈에는 없는 사실이나 마찬가지다. 역사적 사실과 과거의 사실은 다르다. 역사가가 기록할 가치가 있다고 선택하는 과거의 사실만이 역사적 사실이 된다. 과거의 사실이 전체집합이라면, 역사적 사실은 부분집합이다.

역사가는 선택을 기다리고 있는, 역사적 사실의 후보인 수많은 과거의 기록과 문서를 만난다.《역사란 무엇인가》는 역사적 기록이나 문서가 중요하기는 하지만 지나치게 믿어서도 안 된다고 말한다. 과거의 기록이나 문서도 누군가가 자신의 생각을 반영해 적은 것이다. 이에 카는 역사가가 '상상력'을 가질 것을 요구한다. 골방에 혼자 틀어박혀 얼토당토않은 상상의 나래를 펴라는 의미가 아니다. 역사가는 사실과 문서들을 대할 때, 과거의 인물들의 마음을 이해하는 노력을 해야 된다는 말이다. 그 인물은 역사가가 직접 다루고 있는 인물뿐 아니라 과거의 인물을 다루었던 과거의 역사가도 포함된다. 예컨대, 중국 삼국시대 조조의 언행을 기술할 현재의 역사가는 조조의 생각뿐 아니라 조조의 삶을 기록한《삼국지》의 저자 진수의 마음도 아울러 살펴야 한다. 그래야만 현재의 역사가는 '과거의 기록 및 역사가'에 현혹되지 않고 대상 인물의 행동이나 사건의 이면을 객관적인 시각으로 바라볼 수 있게 된다. 필자는 이 상상력을 '소설가의 상상력'과 구분하기 위해 '역사가의 상상력'이라고 이름 붙이고 싶다.

역사가는 과거의 사실을 단순히 기록하거나 해석하는 사람은 아니다.《역사란 무엇인가》는 훌륭한 역사가란 '왜?'와 더불어 '어디로?'라는 질문을 하는 사람이라고 말한다. 역사가가 아닌 우리도 한 번쯤 역사는 어디로 가는지를 묻는다. 진보를 믿는 사람, 종점이 있다고 말하는 사람, 여러 생각이 뒤섞인 사람 등 다양한 사람들의 다양한 역사관이 존재한다.《역사란 무엇인가》에는 "그래도 그것은 움직인다And yet-it moves"는 표현이 나온다. 지동설을 믿었던 갈릴레이가 종교재판에서 자신의 주장을 철회한 뒤 한 말이라고 전해지는 표현이다. 다른 사람들이야 인류의 미래에 대해서 불안해하고 무기력에 빠져 체념한다고 하더라도 역사는 진보의 방향으로 움직인다는 카의 믿음을 보여준다. 역사가 진보한다고 하더라도 잘 포장된 직선도로에서 오직 앞으로만 달리지는 않는다.《역사란 무엇인가》는 역사가 때로는 멈추기도 하고, 길을 잃기도 하고, 뒤돌아가기도 하지만 멀리서 보면 끝내 앞으로 나아가는 과정으로 이해한다. '역사는 과정이다'는 카의 관점에 주목하자. 출발점이나 종점은 없으며 영원히 서서히 앞으로 나아가는 과정으로서 역사를 바라본다.

《역사란 무엇인가》는 역사 발전을 끌고 가는 중심 세력도 시대·지역·계급별로 다르다고 주장한다. 어느 한 시대에 발전을 담당했던 세력은 자신의 시대에 사로잡혀 다음 시대의 요구와 조건을 따라잡지 못한다. 한 시대를 맘껏 주무르고 혜택을 누리는 세력은 변화에 애써 눈을 감거나 변화를 반기지 않으며 심지어는 변화를 막으려고 한다. 그들에게 변화는 필요 없거나 나쁜 것이다.《역사란 무엇인가》는 인류의 몰락을 예언하거나 진보가 끝났다고 생각하는 사람들은 한때 잘나가던 지역이나 계급에 속한다고 말한다. 노예해방을 둘러싼 계급투쟁에 관한 이야기다. 노예주는 '에이, 옛날이 좋았어. 그때는 고분고분하던 놈들이 이제는 머리를 빳빳하게 쳐들고 다니니 꼴불견이구만. 이놈의 세상은 말세야. 아! 옛날이여'라고 생각할 것은 뻔하다. 무위도식하는 소수 노예주들의 기름진 배가 중요한가, 아니면 주인의 억압과 착취에 신음하는 다수 노예들의 자유가 더 중요한가? 자신만의 이익과 시대 흐름에 눈먼 노예주 입장에서는 역사를 몰락이나 퇴보로, 자유라는 시대정신을 끌고 갔던 노예는 역사를 진보로 볼 것이다. 시대의 변화를 잘 이해하고 따라잡는 사람이나 세력만이 역사 발전의 중심이 될 수 있다.

공감의 유전자를 갖고 있는 안철수는 어려서는 기르던 동물과 대화를 나누었다. 소설을 읽을 때면 줄거리나 주제가 아니라 인물에

만 초점을 맞추었다. 책에서만 읽던 가난한 사람들의 현실을 의과대
학 재학 시절 무료 진료 활동에서 공감하기도 했다. 안철수는 의학
공부를 더 잘하기 위해 컴퓨터를 배웠다. 우연히 자신 및 후배의 디
스켓이 컴퓨터 바이러스에 감염되자 이를 해결하는 과정에서 백신
을 개발했다. 세계 최초의 컴퓨터 백신 프로그램 '브이v 시리즈'는
이렇게 세상에 태어났다. 그는 이후 7년 동안 이중생활을 했다. 의학
공부를 하면서 새벽 3시부터 6시까지는 컴퓨터 바이러스 백신을 만
들었다. 의학 공부와 컴퓨터 공부를 같이 하면서 인생의 결단을 내
렸다. 자신이 정말 의미를 느낄 수 있고 재미있게 일할 수 있으며 잘
할 수 있는 일로, 사람의 병을 치료하는 일 대신 컴퓨터 백신 프로그
램 만드는 일을 선택했다. 의과대학 교수를 그만두고 안철수연구소
(2012년 2월에 안랩으로 회사 이름을 바꿨다)를 설립한 것이다.

　자신이 가장 잘할 수 있고 재미를 느끼며 사회가 필요로 하는 일
을 하는 사람이 가장 행복하다. 대개 이 세 가지는 잘 맞아 떨어지지
않는다. 자신이 가장 잘할 수 있는 일을 찾지 못한 채 다른 길을 가는
사람들이 제법 많다. 또한 재미없지만 단지 먹고 살 돈이 필요해 일
을 하기도 한다. 잘할 수 있고 재미있는 일이지만 사회에는 도움이
되지 않거나 해를 끼치는 일을 하기도 한다. 안철수는 길게 보아 자
신이 행복하며 잘할 수 있고 사회에도 도움이 되는 일을 선택했다.

그는 주변의 시선이나 의견에 휘둘리지 않고 스스로가 행복할 일을 선택해야 결과적으로 주변 사람들을 행복하게 할 수 있다고 말한다.

10년 동안, 안철수연구소는 소프트웨어 회사로는 가장 좋은 실적을 냈으며, 덤으로 그는 성공한 기업인으로 이름을 떨쳤다. 회사로 보나 개인으로 보나 정상에 있던 그가 돌연 자신의 분야에서 퇴장을 결정했다. 그 이후부터 지금까지 그의 삶은 우리가 익히 알고 있는 바다.

안철수는 《역사란 무엇인가》를 읽고 "역사는 영웅 한 사람에 의해 바뀌지 않는다. 한 국가, 한 사회의 거대한 변화 속에서 그 변화의 아이콘이 되는 사람이 영웅으로 등극하는 것일 뿐, 사회적 시스템 자체가 바뀌지 않으면 큰 그림이 나오질 않는다"는 생각을 가졌다고 말한다. 영웅 한 사람의 힘만으로 사회적 변화를 이끌어낼 수는 없다. 많은 사람이 문제를 공감하고 함께 해결하고자 노력해야 갈등으로 인한 사회적 비용을 최소화시키면서 의미 있는 변화를 도모할 수 있다.

우리는 역사에서 수많은 영웅을 만나지만 《역사란 무엇인가》는 '역사란 위인들의 전기다'는 주장에 반대한다. 물론 한 사람의 영웅이 역사를 만든다는 '영웅사관'을 인정하지 않을 뿐이지 영웅을 그가 살았던 시대의 뛰어난 개인으로는 받아들인다. 우리가 위인 또는 영웅이라고 부르는 사람들도 사회적 존재이며 시대의 자식이다. 영웅과 그가 살았던 시대는 서로 영향을 주고받는다. 사회적, 역사적 조건이 맞아떨어지고 시대의 요구를 대변했을 때 뛰어난 개인은 영웅이 된다. 어느 날 갑자기 아무도 모르는 곳에서 요술방망이를 들고 날아온 한 사람이 위대하다는 이유만으로 간섭할 수 있는 역사는 그 어디에도 없다. 영웅은 자신이 살았던 시대정신을 받아들이고 사람들의 공감을 이끌어낸 사람이다. 광개토대왕 혼자 말 타고 대륙을 호령할 수는 없었다. 시대의 요구에 귀 기울이고, 주변 사람들을 설득시키고 공감을 끌어낸 지도자였기에 남다른 발자취를 남길 수 있었다. 팀보다 위대한 선수는 없는 법이다. 그래서 모든 영웅은 공감의 달인이다.

안철수는 공감의 리더십을 수시로 강조한다. 그는 "리더십은 리더로부터 나오는 게 아니라 대중으로부터 나온다. 민주주의에서 중요한 것은 제대로 된 설득과 공감의 과정이다. 민주주의가 전제군주제보다 속도는 느리지만 장기적으로 큰 힘을 발휘하게 된다"고 말했다. 청춘 콘서트를 통해 젊은이나 대중과 대화하고 많은 강연을 한 것도 그들과 공감하고 사회문제를 함께 해결하고자 하는 희망의 표현일 것이다. 현대는 '대중 정치의 시대'다. 대중은 다스림을 받는 대상임을 거부하고 스스로 목소리를 내며 더 나아가 다스리고 싶어

하는 주인공으로 등장했다. 안철수는 대중을 다스림의 대상이 아니라 공감의 대상으로 바라본다. 대중이 그에게 열광하는 이유도 바로 여기에 있다.

등산을 하다보면 사람들이 내지르는 메아리 소리를 자주 듣는다. 산울림의 주인공이야 기쁨, 뿌듯함 및 스트레스 해소 차원에서 하는 행동일 것이다. 그러나 '무심코 던진 돌멩이에 맞아 죽는 개구리 심정은 돌보지 않는' 무책임한 행동이다. 산은 단지 메아리의 주인공 한 사람만의 소유가 아니다. 그 사람을 포함한 다른 사람, 산에 살고 있는 모든 동·식물의 공동 소유다. 무심코 내지르는 메아리에 다른 사람은 언짢을 수도, 교접하던 동물은 놀라 자빠질 수도 있다. 메아리의 주인공은 스트레스를 풀지만 다른 사람과 동물은 스트레스를 받는다.

공감은 내가 다른 존재가 되어보는 것에서 출발한다. 개인, 집단, 국가, 인간과 자연 사이에서도 마찬가지다. 가슴과 머리로 역지사지하며 공감하는 일이 모든 갈등 해결의 처음이자 마지막이다.

# 밀알정신이
# 세상을 변화시킨다

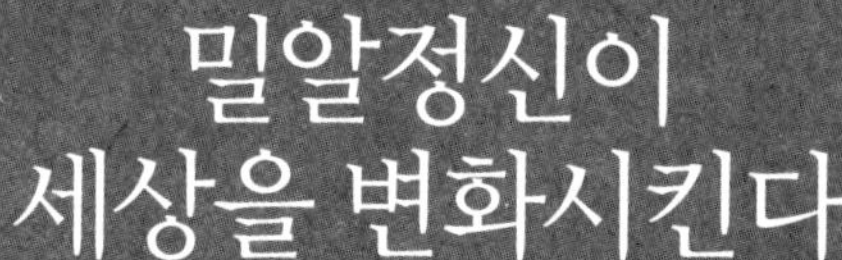

중국 홍군에서 마오쩌둥(1893~1976)의 경호원으로 활약했던 우지칭이란 인물이 있다. 양쯔강 남쪽 출신인 우지칭은 열네 살이던 1930년 홍군에 입대한 뒤 대장정 동안 대설산을 넘으면서 처음으로 눈 구경을 했다. 대설산은 이름에서 알 수 있듯, 일 년 내내 눈으로 뒤덮여 있는 산이다. 우지칭뿐 아니라 거의 모든 홍군은 중국 남부 출신이어서 눈 길 경험이 없었다. 대부분의 홍군은 짚신을 신고 헤진 무명 군복을 입고 있었으며 미끄러지지 않기 위해 서로 손을 잡고 행군했다. 내리막길에서는 얼음판에 몸을 맡기고 미끄러져 내려갔다. 많은 홍군이 부상을 당하거나 절벽 아래로 떨어져 죽었다. 죽을 고

비를 넘기며 함께 왔던 동지들이 눈앞에서 죽었지만 워낙 깎아지른 절벽이어서 시체 수습을 포기했다. 동상이나 고산병으로 죽는 사람도 많았다. 우지칭이 대설산을 넘으면서 가졌던 생각을 들려준다. "대설산에 도착했을 때였어요. 우리는 봉우리를 하나씩 하나씩 넘어 마침내는 대설산을 완전히 넘게 되었지요. 도저히 넘지 못하리라 생각했는데 말입니다. 하지만 우리가 비록 넘지 못하고 패배를 맛보았다고 하더라도, 다음 세대가, 그렇습니다, 우리의 다음 세대야말로 기필코 우리가 넘지 못했던 그곳을 넘고야 말았을 겁니다."

마오쩌둥은 말라리아에 걸린 상태에서 대장정을 시작했다. 그의 나이 마흔이었다. 대설산을 넘을 때 경호원이 실신상태에 빠지자 마오가 부축했다. 마오가 홍군을 격려하기 위해 멈추었을 때는 그 경호원이 마오를 부축했다. 홍군 모두는 서로에게 길과 빛이 되어 대설산의 한 봉우리 한 봉우리를 뚜벅뚜벅 넘었다. 마오의 첫째 부인은 1930년 국민당 군대에 붙잡혀 스물아홉 살에 고문을 받고 총살되었다. 누이동생은 한 해 전인 1929년 처형되었다. 둘째 부인에게서 낳은 두 아이는 대장정 동안 다른 사람에게 맡겨졌는데 끝내 찾지 못했다.

마오가 이끌던 홍군 제1군은 1934년 10월 8만 명으로 대장정을 시작했으나 1년 뒤 산시성에 도착했을 때는 4,000여 명뿐이었다. 동지의 시체를 넘고 넘은 대장정은 고난의 행군이었다. 새로운 공산당 근거지를 확보하기 위해 368일 동안 24개의 강을 건너고 1,000개 이상의 산을 넘어 12,500킬로미터를 걸어서 이동했다. 전투, 추위, 배고픔, 병, 사고로 쓰러지면서도 오로지 억압과 착취가 없는 세상을 만들겠다는 의지 하나로 버틴 때였다. 말이 좋아 작전상 후퇴였지 살아남는 일이 무엇보다 절박했다. 그러나 고난의 행군으로 살아남은 병력은 최정예 부대가 되어 혁명의 중심 세력이 되었다. 또한 대장정 동안 지나는 지역마다 자신들의 이념의 불씨를 지펴 약 15년 후, 중국 대륙에 사회주의 국가를 건설할 수 있었다.

생전에 자신의 뜻을 이룬 사람은 행복한 사람 축에 든다. 사회와 역사의 흐름을 바꿔 놓을 만한 일을 한 사람 중에는 살았을 때는 인정받지 못하다가 죽은 뒤에 재평가나 재해석을 통해 후세에 길이 살아남는 거목이 되는 경우가 제법 많다. 그 누구도 죽고 난 뒤에나 뜻을 이루기를 바라지는 않겠지만 마오가 이끌었던 홍군과 공산당은 자신들의 죽음과 새로운 미래를 맞바꾸기를 주저하지 않았다. 자신들의 생전이 아니더라도 언젠가는 억압과 착취가 없는 새로운 사회가 열린다는 믿음으로 싸웠다.

마오는 대장정 동안 짐의 무게를 줄이기 위해 꾸러미에서 식량이나 다른 물건을 비워내면서도 가방 한 구석에 사마천(기원전 145~86)

의 《사기<sub>史記</sub>》는 꼭 챙겼다. 마오는 자신의 신변을 돌보던 사람에게 "중국에는 두 개의 큰 작품이 있다. 바로 《사기》와 《자치통감》이다. 두 작품은 모두 재능이 있는 사람이 개인적으로 힘든 시기에 썼다. 이런 것을 볼 때 사람이 어려움에 처해졌다고 반드시 나쁜 일만은 아닌 것 같다"고 말했다. 《사기》와 《자치통감》의 저자가 어려운 처지를 극복하고 후세에 길이 남은 작품을 남긴 점을 높이 평가했다. 독서광이자 혁명가로서 한 평생을 살았던 그의 말이기에 가볍게 지나칠 수가 없다.

사마천은 궁형<sub>宮刑</sub>(남자 구실을 못하게 하는 형벌)의 치욕을 이겨내고 《사기》를 썼다. 그는 책을 완성하고 1, 2년 후에 죽은 것으로 짐작되는데, 자신의 모든 에너지를 이 작품에 쏟아붓고 스러진 것이다. 당나라 시인 이상은의 시구에 나오는 "봄누에는 죽어서야 실뽑기를 그치고, 초는 재가 되어야 비로소 눈물을 멈춘다"는 식의 삶을 살았다. 사마광은 왕안석의 개혁 세력에 밀려 쫓겨났을 때도 《자치통감》을 계속 집필했다. 완성하기까지 17여 년이 걸린 《자치통감》은 제왕학의 교과서로 자리 잡고 있다.

마오와 평생을 함께 한 《사기》는 역사에 기여했거나 기록할 가치가 있는 인물이라면 출신성분을 가리지 않고 지면을 할애했다. 권력을 가진 지배 계급에 한정하지 않았으며 이름 모를 보통사람이라도

정의감이나 재주가 있다면 《사기》에서 한 자리를 차지했다. 《사기》
의 〈열전〉 제1편인 〈백이열전〉에는 다음과 같은 대목이 나온다.

> 백이와 숙제가 비록 현인이기는 하였지만 공자의 찬양을 얻고 나
> 서부터 그들의 명성이 더욱 더 두드러지게 나타났고, 안연이 비록
> 학문에 독실하기는 하였지만, 천리마의 꼬리에 붙여져서 그의 덕
> 행이 더욱 더 뚜렷해졌다. 암혈巖穴에서 살아가는 은사들은 출세
> 와 은퇴를 일정한 때를 보아서 한다. 이와 같은 사람들의 명성이
> 파묻혀버려서 칭양되지 않는다면 정말 비통하리라! 항간의 평민
> 으로 덕행을 연마하고 명성을 세우고자 하는 사람이 청운지사青雲
> 之士에 의지하지 않는다면 어떻게 그의 명성을 후세에 전할 수 있
> 겠는가?
>
> _사마천, 《사기 열전》, 까치, 1995.

〈백이열전〉의 의미는 단지 〈열전〉의 70편 가운데 첫머리를 장식
하는 데에만 있지 않다. 〈백이열전〉에는 〈열전〉의 집필 방향 및 목적
이 드러나 있다. 공자가 백이, 숙제, 안연의 덕행을 세상에 두드러지
게 드러냈듯, 청운지사를 자처한 사마천이 덕행과 명성을 기릴 가치
가 있는 이름 없는 은사나 평민마저 버리지 않고 후세에 전하기 위

함이었다.

생전에 명성을 높이고 눈에 보이는 업적을 쌓는 일만이 최고의 삶은 아니다. 긴 호흡으로 보았을 때 사회와 역사에 큰 그림자를 드리울 수 있는 것이 보다 중요하다. 《사기》는 밀알이 되어 역사에 발자취를 남긴 보통사람들마저 끌어안은 역사책이다. 역사에 밀알이 된 사람들의 밀알이 되고자 한 열망이 사마천에게 있었기에 궁형의 치욕을 견디며 《사기》를 완성할 수 있었다.

마오는 《사기》에 녹아 있는 밀알정신을 높이 평가했을 것이다. 중국의 홍군은 병력, 무기, 자금 등이 국민당 군대와 비교가 안 될 정도로 약했다. 마오는 《사기》를 읽으며 설령 물리력의 열세로 자신의 세대에서 뜻을 이루지 못하더라도 뒷날의 승리에 밀알이 되겠다는 각오를 다졌다. 역사에 거름이 되었던 《사기》의 인물들을 보면서 자신을 보았고, 자신을 보면서 《사기》의 인물들을 보았다. 어쩌면 공자가 '군자는 죽은 뒤 이름을 남기지 못할까 두려워한다'는 심정으로 쓴 《춘추》를 사마천이 보며 느꼈던 그것일지도 모를 일이다.

천안문 광장 정면에 생전의 대형 사진이 걸려 있는 마오쩌둥은 1949년 중국 사회주의 혁명의 주역이며 건국의 아버지로 추앙받는다. 그를 중심으로 한 중국 공산당은 항일투쟁을 벌였으며 장제스의 국민당 정부를 대만으로 몰아냈다. 중국 공산당의 길은 다윗이 골리

앗과 싸워 이긴 역사다.

마오는 어렸을 때부터 반항아적 기질이 다분했다. 아버지가 동네 사람과 함께한 자리에서 마오가 게으르다고 나무라자 물에 빠져 죽겠다고 했다는 일화도 그의 입을 통해 전한다. 자신은 아버지에게 무릎 꿇고 잘못을 빌었지만, 결국 아버지에게서는 다시는 때리지 않겠다는 약속을 받아냈다고 하니 협상 능력도 뛰어난 사람이었나 보다.

또한 마오는 엄청난 독서광이었다. 학창 시절에는 도서관에 있는 거의 모든 책을 읽었다고 한다. 관심 분야도 다양해서 편식보다는 잡식성이었다. 중국 고전 중에서 어렸을 때는 《논어》, 《맹자》를 읽었고 나이가 들면서는 《손자병법》, 《삼국지연의》, 《수호지》, 《서유기》를 즐겨 읽었다. 무엇보다 평생을 함께 한 애독서는 《사기》였다.

《사기》는 지금부터 2,100여 년 전 중국 한무제 때 사마천이 쓴 역사책이다. 사마천이 살았던 당시에 우리 민족 최초의 고대 국가 고조선이 한무제의 공격으로 멸망(기원전 108)한 사실을 떠올려보면 시대를 아는데 도움이 될 것이다. 사마천은 《초한지》에 나오는 유방이 항우를 이기고 한나라 황제가 된 지 57년 뒤에 태어났다. 그가 생존했던 시대는 한나라가 안정기에 접어들었을 무렵이다. 한무제는 나라 안에 쌓인 힘과 자신감을 바탕으로 주변에 있는 나라들을 정벌했다. 상대는 주로 북쪽의 유목민족인 흉노족이었다. 그러나 영토가 넓어지기는 했지만 잦은 전쟁 때문에 백성들의 삶은 어려울 수밖에 없었다. 한무제 때는 영광과 그늘이 함께 있는 시대였다.

《사기》는 기전체紀傳體의 형식으로 쓰였다. 기전체는 〈본기〉·〈열전〉·〈세가〉·〈서〉·〈표〉로 구성하여 역사를 서술하는 방법이다. 〈본기〉는 최고 권력자에 관한 기록으로 중국 전설시대 황제부터 사마천이 살았던 당시의 한무제까지 구성되어 있다. 〈열전〉은 정의로운 행동이나 뛰어난 재주로 기회를 놓치지 않고 공을 세워 이름을 천하에 드높인 사람들의 이야기다. 〈세가〉는 여러 국가의 군주나 제후들 혹은 중요한 역사적 인물들을 다루고 있다. 〈서〉는 천문, 경제, 법률, 제사 의식 등의 문물과 제도에 관한 기록으로 후대에 〈지〉로 바뀌었다. 〈표〉는 시대의 흐름을 연표로 나타냈다. 기전체는 〈본기〉의 기紀, 〈열전〉의 전傳을 따와서 부른 말이다.

《사기》는 처음부터 그 이름으로 불리지는 않았다. 사마천은 자신의 책 이름을 《태사공서》라고 했다. 태사공은 천문을 보고 역사를 기록하는 관리인 태사를 높여 부른 말이다. 아버지의 뒤를 이어 태사가 되었기 때문에 태사공이 쓴 책이라는 뜻에서 《태사공서》라고 했다. 사마천 이후에 사람들이 이것을 줄여서 《사서》라고 부르다가 나중에야 우리가 지금 알고 있는 《사기》라는 이름을 갖게 되었다.

사마천의 인생을 송두리째 뒤흔들어놓은 사건이 있었다. 이릉이라는 이름의 장수가 5천 명의 군사로 8만여 명의 흉노 군사와 10여 일을 싸우다 포위되었다. 이릉은 죽을힘을 다해 싸웠지만 식량과 화살은 바닥나고 구원군도 오지 않자 결국 항복했다. 흉노는 이릉이 한나라 장수 집안의 출신이고 자신의 군대와 용감히 싸운 점을 높이 샀다. 그런 이유로 항복한 이릉에게 임금의 딸을 시집보낼 정도로 환대했다. 이릉의 항복과 환대 소식을 들은 한나라의 황제는 음식도 먹지 않고 화를 냈으며, 신하들은 이릉의 잘못만 캐내어 그를 비난했다. 한나라에 남아 있던 이릉의 가족이 무사했을 리 없었다.

사마천은 이릉과 함께 벼슬을 한 적은 있지만 다른 점이 많아 함께 술을 마신 적도 없고 친하게 지낸 적도 없는 사이였다. 그러나 그가 보기에 이릉은 효성스럽고 신의가 있으며 겸손한 선비였다. 비난만 하는 조정 대신들의 태도는 잘못되었다고 생각했다. 마침 황제가 이릉 사건을 어떻게 생각하느냐고 묻자, 사마천은 이릉은 최악의 상황에서 용감히 싸웠으나 힘이 다해 어쩔 수 없었으며 기회를 보기 위해 항복을 한 것이라고 그를 변호했다. 그렇지 않아도 이릉 때문에 노여워하고 있던 황제는 이릉을 옹호한 사마천에게 사형 선고를 내린다.

사형 선고를 받은 사마천에게는 어느 것 하나 쉽고 편한 길은 아니었지만 당시의 관례에 따라 세 가지 선택의 길이 있었다. 첫째, 도리 없이 시퍼런 칼날에 목을 맡기는 것, 둘째, 많은 속죄금을 내고 풀려나는 것, 셋째, 궁형을 받는 것이었다. 가난한데다가 누구의 도움도 받지 못하자 사마천은 고심 끝에 죽음 대신 궁형을 선택한다. '돈'도 '빽'도 없던 사마천으로서는 어쩔 수 없는 노릇이었을지 모른다. 단지 죽음을 면하려고 궁형을 선택했다는 주변의 경멸어린 시선은 멀쩡한 선비였던 사마천에게 죽음보다 더 수치스러울 일이었다. 궁형을 받은 뒤 "돌아가신 어버이를 욕되게 하였으니 어떻게 부모님의 산소 앞에 절을 올릴 수 있겠는가? 내 부끄러움은 오랜 세월이 흘러도 씻을 수가 없구나. 그래서 하루에도 아홉 번이나 창자가 끊어지는 듯하고, 집안에 있으면 어리둥절하여 무엇을 잃은 듯하고, 집을 나서면 어디로 가야할지를 모른다. 이 부끄러움을 생각할 때마다 땀이 등줄기를 흘러 옷을 적시지 않은 적이 없다"고 말한다. 눈물겨운 고백이다. 벼랑 끝에 홀로 섰거나 모든 사람의 손가락질을 받는 심정이었을 것이다.

사마천은 살아서 수치를 당하느니 왜 차라리 명예를 지키는 죽음을 선택하지 않았을까? 살아남아야 할 이유가 있었다. 그것은 아버지의 뜻을 받들어 집필하고 있던 《사기》의 완성이었다. 사마천은 "사람은 누구나 한 번 죽기 마련이다. 그러나 어떤 죽음은 태산보다 무겁고, 어떤 죽음은 새털보다 가벼우니 그 이유는 죽음을 통해 추구하는 바가 다르기 때문이다"고 말했다. 이 말만큼 죽음과 삶을 바라보는 사마천의 생각이 뚜렷하게 드러난 말도 없다. 사소한 일에 목숨 걸지 말고 의미 있는 죽음을 맞으라는 것이다. 이러한 사마천의 생각은《사기》전체를 통해 곳곳에서 드러난다. 그래서 그는 고통을 참아 큰일을 이룬 사람들에게는 끝없는 애정을 보이고 칭찬을 아끼지 않는다.

《사기》는 보통사람이라면 참아내지 못할 치욕을 견디고 피와 눈물로 쓴 기록이다. 이렇게 사마천은 한 번 참아서 영원히 사는 길을 택함으로써 개인적으로는 부친의 뜻을 받들어 가장 큰 효도를 했고, 크게는 역사에 발자취를 남긴 사람이 되었다.

《사기》는 역사책으로서 가치가 높다. 일반적으로 왕조시대에는 개인이 아닌 나라에서 명을 받은 사관이 중심이 되어 역사책을 만들었다. 조선 왕조의 역사 기록인《조선왕조실록》도 이렇게 해서 만들어졌다. 이와 달리《사기》는 황제의 명령이 아니라 순전히 사마천 부자父子의 의지와 노력으로 만들어졌다. 황제의 눈치를 볼 필요가 없었으므로 사마천은 황제마저도 비판할 수 있었다.

역설적으로 궁형의 치욕도 그가 사물과 삶을 보다 예리하게 볼 수 있도록 했을 것이다. 모든 것이 편안하고 만족스럽다면 의식의 긴장감은 떨어지며 세상을 보는 눈은 흐려지고 제한된다. 배부르고 만족하면 사람 좋다는 말을 들을 수는 있지만 예리함과 공감 능력은 떨어지게 마련이다. 굶주린 배를 물로 채우고, 끼니 걱정을 해본 사람만이 배고픈 사람의 심정을 진실로 헤아릴 수 있다. 권력과 경박한 세태의 희생양이 된 사마천은 자신의 불행을 통해, 좀더 날카롭고 성숙한 시각으로 인간과 사회를 볼 수 있게 되었을 것이다. 그래서 위로는 최고 권력자인 제왕까지도 서슴없이 비판하고, 아래로는 이름 모를 평범한 사람들까지도 기록할 가치가 있다면 버리지 않았다. 사마천의 냉철한 비판의식과 따뜻한 인간 중심의 역사관이 《사기》를 보다 생동감 넘치는 역사책으로 만들었다.

역사책은 일단 사실 그대로의 기록이 중요하다. 역사는 사실을 바탕으로 서술되지만 근거도 없는 사실을 적어서는 안 된다는 의미다. 사마천은 《사기》를 쓰기 위해 황실 도서관뿐 아니라 민간에 흩어진 수많은 자료를 참고했다. 또한 자료에만 의존하지 않고 직접 현장에 찾아가 보고 들었으며 그렇게 모은 정보 중 의심스런 내용은 버리고 믿을 만한 사실을 걸러내어 정리했다.

얼마 전까지만 해도 《손자병법》을 지은 사람이 손무인가 아니면 그의 후손인 손빈인가 그것도 아니라면 삼국시대 위나라의 조조인가가 논쟁의 대상이었다. 사마천만이 혼자 〈손자오기 열전〉에서 손무가 13편의 병서를 지었다고 기록했기 때문이다. 이 논쟁을 한방에 잠재운 사건이 1972년 일어났다. 중국 산둥성 은작산에서 한나라 때의 무덤이 발견되었는데 대나무에 쓰인 책이 무더기로 나왔다. 그중에 지금 우리가 알고 있는《손자병법》외에 손빈이 쓴 병법서도 나왔다. 이 사건으로 손무가《손자병법》을 지었다는 사실이 확정되었다. 이 일만 놓고 보더라도《사기》가 얼마만큼 사실 중심으로 쓰인 역사책인가를 알 수 있다.

《사기》는 역사책으로뿐 아니라 문학적으로도 가치가 높다. 후세의 선비들이《사기》의 문장을 배우기 위해 옮겨 적었을 정도로 문장도 탁월하다.《사기》의 〈항우 본기〉에는 항우가 유방의 군대에 포위되어 꼼짝할 수 없는 날 밤에, 사랑하는 여인을 곁에 두고 술 한 잔을 하면서 읊었다는 유명한 시가 나온다. "힘은 산을 뽑을 수 있고, 기개는 세상을 덮을 만하네. 때가 불리하여 내 천리마가 나아가지 않는구나. 천리마가 나아가지 않으니 이를 어찌해야 하는가! 사랑하는 사람이여, 사랑하는 사람이여, 그대를 어찌해야 하는가!" 이 시에 녹아 있는 비장함은 후세 사람들의 마음을 울렸으며, 이 시와 함께 묘사된 항우 최후의 모습은 후세에 문학의 단골 소재가 되었다. 그런데 이 대목의 사실 여부가 역사가들의 논쟁거리가 되기도 했다. 항우가 읊었다는 이 시를 누가 전했을까 하는 의문이 생긴다. 항우는 시를 읊었다는 날 얼마 뒤에 유방의 추격대와 싸우다 자결했으며 그를 따르던 군사도 대부분 죽었기 때문이다. 또한 항우가 마지막까지 영웅적으로 싸우다 죽었다고 묘사되어 있는데 이것도 혹시 사마천의 붓끝에서 만들어진 모습은 아닐까라는 의문을 갖는 사람들도 있다. 만약 사마천이 항우의 최후를 '그는 유방의 군대에 쫓기다 힘이 다해 자결했다'는 식으로만 기록했다면 어떻게 되었을까? 아마도 항우는 역사에서 사라져간 수많은 패배자 중 한 사람으로만 기억되었을 것이다. 항우의 영웅적 최후에 대한《사기》의 묘사가 항우가 패배자였으나 승자 못지않은 애정을 받는데 톡톡히 한몫을 했다.

《사기》에는 역사의 주인공과 조역으로서 제왕에서부터 이름 모를 사람들까지 많은 사람들이 등장한다. 사마천은 역사가의 상상력과 문장력을 동원해 사람들 행동의 인과관계를 관찰하고 더 나아가 국가 흥망성쇠의 원인을 밝혔다. 사마천의 붓끝을 통해 되살아난 인물들의 이야기를 보면서 지혜를 얻기도 하고 때로는 타산지석으로 교훈을 얻을 수 있다는 점이《사기》의 매력이다.

마오는《사기》에서 역사에 거름이 된 주인공들의 삶을 보며 밀알 정신을 읽어냈다. 억압과 착취가 없는 새로운 사회를 만들기 위해 투쟁하면서 자신의 세대가 아니더라도 언젠가는 승리할 수 있다는 신념을 다졌다. 자신의 희생을 발판으로 삼아 더 나은 세상이 열릴 수만 있다면 만족한다는 각오로 불가능해 보였던 사회 혁명의 길에 온몸을 던졌다. 우리 모두는 이전 세대에 빚을 지고 있으며 우리의 희생을 바탕으로 뒤에 오는 세대는 앞으로 나아가게 된다.

마오와는 달리 자신만이 혹은 자기가 살았을 때 뭔가를 이룰 수 있고 이루어야 한다는 강박증과 집착에 사로잡힌 사람이 많다. 맹목적 집착은 초조를 낳고, 초조는 파멸을 낳는다. 모두가 주연일 수는 없을 뿐 아니라 조연이 주연보다 훨씬 값지고 빛날 때가 많다. 축구에서 천재적인 발재간을 가진 골게터가 아니라면 골의 과정에는 동료의 도움이 절대적으로 필요하다. 우리는 골을 넣은 선수 못지않게 도움을 준 선수에게도 박수갈채를 보낸다. 너나 할 것 없이 자신만이 골을 넣겠다고 눈에 불을 켠 축구팀을 생각해보자. 이 팀은 경기 시작 전에 이미 패했으며 경기는 패배를 확인하는 과정에 불과하다.

마오는 "한 점 불씨가 온 광야를 불태운다"고 했다.

# 평생 배우자,
그것이 바로 인생이다

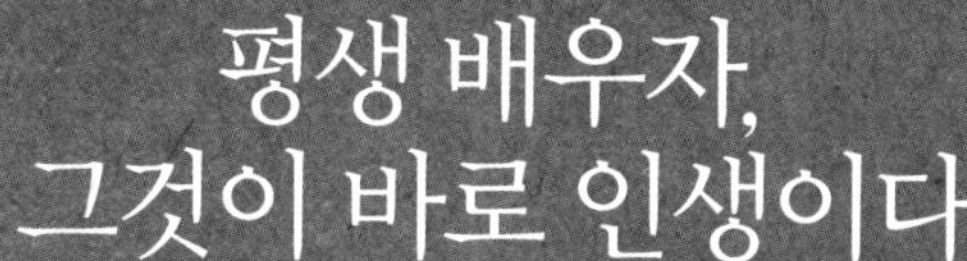

1980년 봄에 삼성그룹 창업자 이병철(1910~87)이 일본의 경제 전문가 이나바 박사에게 일본 경제의 살 길은 무엇이냐고 물었다. 이나바는 "반도체, 컴퓨터, 신소재, 광통신, 유전공학, 우주해양공학 등 부가가치가 높은 첨단기술 분야를 도모하고 있으며, 특히 반도체 및 주변의 기계공업에 치중하고 있습니다. 정부도 이를 적극 뒷받침하여 전략산업으로 육성 중이며 그 결과 수출은 획기적으로 늘고 외화 수입은 급증했습니다. 일본의 살 길은 바로 경박단소의 첨단기술 산업에 달려 있습니다"고 답했다.

이병철은 이나바 박사를 만난 이후 고민에 고민을 거듭한다. '일본이나 우리나 자원이 부족하기는 마찬가지다. 살 길은 수출밖에 없다. 일본처럼 우리도 첨단기술 산업을 육성하지 않으면 안 된다'고 생각했다. 1980년대 초 반도체 사업에 관심이 있던 이병철은 당시 삼성전자 강진구 사장에게 물었다.

**이병철**: 도대체 반도체는 몇 가지가 되는가? 말하는 사람마다 다르니 종잡을 수가 있어야지.

**강진구**: 회장님, 그건 사람이 몇 종류나 되느냐고 물으신 거나 마찬가지입니다. 세상 사람들을 남자와 여자라는 성별로 구분할 수 있겠고, 연령별로도 나눌 수가 있습니다. 반도체도 마찬가지여서 구분하기에 따라 종류와 수가 달라지는 겁니다. 그러므로 한마디로 몇 종류라고 말씀 드릴 수가 없는 것입니다.

이병철은 이 대답이 만족스럽지는 않았으나 더는 이야기하지 않았다. 그 대신 미국과 일본의 수많은 반도체 전문가들을 만나 의견을 듣거나 배움을 청했다. 또한 미국과 일본에서 나온 반도체와 컴퓨터 관련 자료도 구할 수 있는 한 수집하여 읽었다.

일흔두 살이던 1982년에는 미국을 방문했다. 새로운 사업 분야를 찾기 위한 여행이었다. 이병철은 보스턴 대학에서 명예박사학위를 받고, 반도체 산업의 본고장에서 많은 사람을 만나 의견을 들었다. 당시 설탕, 섬유, 모직 등 한국의 경공업 분야는 이미 후진국의 맹추격을 받고 있었지만 중공업 분야는 아직 선진국 수준에는 이르지 못한 상태였다.

첨단기술 산업만이 살 길이라고 생각하고 있던 이병철은 반도체, 컴퓨터 사업팀을 만들어 매일 보고서를 검토했다. 1983년 2월에는 일본을 방문해 반도체라는 말을 만들어낸 산연전기주식회사의 오타니 다이묘 회장을 만났다. 오타니 회장은 이병철에게 "회장님, 저는 평생 반도체를 연구해왔지만 아직도 반도체를 완전히 알지 못합니다. 반도체는 젊은 사람들에게 맡기십시요"라고 말했다. 반도체 사업 경험이 있는 국내의 사업가들도 "회장님, 실패할 것이 불 보듯 뻔한데 왜 그렇게 집착하십니까? 좋은 사업이 얼마든지 있는데 지금 손 떼지 않으시면 곧 후회하게 됩니다. 시작하고 나면 후회해도 소용없습니다"며 한사코 반대했다. 하지만 첨단기술 산업만이 미래의 성장 동력이라고 생각하고 있던 이병철은 반도체 산업을 일구기로 결심했다. 손자의 재롱이나 보며 노후를 편안히 보내야 할 일흔세 살의 이병철은 1983년 3월 15일을 반도체 사업의 원년으로 잡았다. 주위의 반대와 걱정에도 아랑곳 않고 새로운 도전을 시작했다.

이병철의 집념과 안목으로 시작한 반도체 산업이 지금까지 삼성과 한국의 부를 일궈온 황금텃밭이 되었다.

《논어論語》의 첫머리는 "배우고[學] 때 맞춰 익히면[時習] 또한 기쁘지 아니한가?"로 시작한다. 공자를 한 마디로 표현한다면, 죽을 때까지 배우고 가르친 사람이다. 공자는 배우고 익히는 과정을 나누어서 말한다. 요즘 우리는 이것을 합해서 그냥 학습學習이라고 표현한다.

배우는 것은 사람이나 책 등을 통해 본받는 과정이고, 익히는 것은 배운 것을 반복해서 온전히 자기 것으로 만드는 과정이다. 한자의 유래에 따르면, 익히는[習] 것은 어린 새가 날갯짓을 하며 스스로 날기를 연습하는 과정이다. 엄마의 날갯짓을 흉내 내는 어린 새는 비록 많은 실수를 하지만 어느 순간 멋진 비행을 하게 된다. 습관이라는 말도 여기에서 비롯했다. 배우는 것과 익히는 과정을 나눈 이유는 배우는 것은 기본이고 스스로 익혀서 자기 것으로 만들어야 사람 구실을 제대로 할 수 있다고 보았기 때문이다. 학습이라는 의미가 참 깊고도 깊다.

우리는 많은 것을 알고 태어나지는 않는다. 사람이나 다른 것을 통해 일단 배워야 한다. 익히는 과정은 배우고 난 다음의 일이다. 공자는 "나는 하루 종일 먹지도 않고 밤새도록 생각만 한 적이 있다. 그러나 전혀 도움이 되지 않았다. 배우는 것만 못하다"고 고백했다. 배움을 모든 일의 시작이자 으뜸으로 여긴 공자는 배움의 자세에 대해서 "아는 것을 안다고 하고, 모르는 것을 모른다고 함이 바로 앎이다"고 말했다. 자신의 부족함을 숨기는 것 대신 밝히는 과정에서 부족함을 채울 수가 있다. 창피하다고 숨기고 있으면 어느 누구도 가르쳐주지 않는다. 숨기고 싶은 마음이 있어서가 아니고 자신이 무엇을 모르는지를 모를 수도 있다. 이럴 때는 보고 듣고 배우는 과정을 통해 극복해야 된다.

공자가 허풍을 치거나 자랑을 늘어놓는 사람은 아니었지만 "집열 채가 있는 마을에도 충성과 신의를 나만큼 갖춘 사람이 있을 것이다. 그러나 나만큼 배우기를 좋아하는 사람은 없을 것이다"면서 자신은 누구보다 배우기를 좋아하는 사람이라고 말했다. 공자는 일흔 살 무렵이 되어서도 오경 중의 하나인 《역易》을 즐겨 읽다가 '위편삼절韋編三絶'(책을 묶은 가죽 끈이 세 번이나 끊어짐)했다고 한다. 또한 공자는 "세 사람이 길을 가더라도 그중에 반드시 내 스승이 있다. 좋은 점은 선택해서 따르고, 나쁜 점은 거울삼아 내 잘못을 고치면 된다"고 했다. 공자에게는 만나는 모든 사람이 스승이었다. 잘못된 점이 있는 사람조차도 타산지석으로 배우면 된다는 생각, 그것이 바로 공자를 '영원한 스승'으로 만들었다.

이병철은 《논어》를 평생 즐겨 읽었다. 자서전에서 "가장 감명을 받은 책 혹은 좌우에 두는 책을 들라면 서슴지 않고《논어》라고 말할 수밖에 없다. 나라는 인간을 만드는 데에 가장 큰 영향을 미친 책은 바로 이《논어》다. 나의 생각이나 생활이《논어》의 세계에서 벗어나지 못한다 하더라도 오히려 만족한다.《논어》는 인간이 사회인으로서 살아가는데 없어서는 안 되고 꼭 필요한 마음을 알려준다”고 말했다. 이병철은 논어에서 평생학습의 정신과 자세를 읽어냈다. 사업이 생각대로 풀리지 않을 때도《논어》를 읽으면서 지혜를 얻었다.

2011년도 회사의 매출액이 같은 해 대한민국 국가 예산의 약 절반에 가까운 기업, 2011년도 휴대폰 매출액 세계 1위 회사, 휴렛팩커드HP나 애플, 아이비엠IBM을 제치고 전 세계 정보통신 기업 가운데 2011년도 매출액 1위인 회사, 스마트폰 시장에서 애플과 자웅을 건 한판승부를 벌이고 있는 기업이 바로 삼성전자다. 삼성전자를 수식하는 말은 이외에도 많다. 삼성전자는 이제 단순히 대한민국 기업이 아닌 초일류 세계 기업이 되었다.

삼성전자를 포함한 삼성그룹을 창업하여 현재 위치까지 올려놓은 이병철과 삼성이 걸어온 길은 대한민국 자본주의 발전의 역사라고 해도 지나친 말이 아니다. 이병철은 대지주이면서 유학儒學의 분위기가 지배적이었던 집안 출신이다. 할아버지가 세운 서당에서 어렸을 때부터《논어》,《천자문》등을 배우면서 자랐다. 또한 생전에 그는 머리카락 한 올도 흐트러뜨리지 않았으며 잘 다린 옷만 입었다고 한다. 한평생을 엄격한 자기관리를 하면서 살았던 배경에는 집안의 분위기도 톡톡히 한몫을 했다.

부친의 재산에서 그의 몫으로 받은 자금을 가지고 시작한 첫 사업은 마산의 정미소 사업이었다. 마산은 군산과 함께 일제가 식민지 조선에서 쌀을 반출하는 주요 항구 도시로 정미소 사업이 제격인 곳이었다. 세 사람이 공동으로 투자해 사업을 시작했다. 정미소 사업이 잘되자 운송 사업도 시작했고 그들의 사업은 한동안은 순풍에 돛단 듯했다. 그러나 일본이 중국과 전쟁을 일으키면서 이병철의 사업은 된서리를 맞았다. 은행에서 많은 대출을 받아 토지를 샀는데 일본 정부는 대출금을 회수하고 시장은 얼어붙은 것이다. 사업을 접고 대출금을 정리하니 약간의 재산만 남았다고 한다. 그 뒤 만주와 중국을 여행하며 새로운 사업을 구상했다.

이병철은 1938년이 되자 사과와 건어물을 팔 목적으로 대구에서 삼성상회를 세웠다. 삼성이라는 회사 이름이 이때 처음으로 등장했다. 1953년에는 제일제당을 세워서 본격적으로 제조업에 뛰어든다. 당시 설탕은 100퍼센트 수입에만 의존하고 있었고 국내 가격이 국제 가격보다 세 배나 비쌌으니 할 만한 사업이었다. 8개월 만에 지을 예정이었던 설탕 공장을 2개월이나 단축해서 건설했다. 뒷날 사업을 하면서 공장 설립을 하는 경우가 많았는데 항상 예정된 기간보다 앞당겨 짓는 저력을 보여준다. 본인도 공장에서 먹고 자면서 일을 챙기다보니 일은 빨리 진행될 수밖에 없었다. 설탕 공장이 정상적으로 운영되자 수입품의 절반이 안 되는 가격으로 팔아도 큰돈을 벌었다. 직원들은 값을 인상하자고 건의했지만 이병철은 끝내 값 올리기를 반대했다고 한다.

이병철이라고 항상 탄탄대로만 걷지는 않았다. 때로는 오솔길이나 가시밭길을 걷기도 했다. 첫 사업인 정미 사업을 하면서 좌절을 맛보았고, 10년에 걸쳐 세 번 도전 끝에 완공한 한국비료는 국가에 헌납하기도 했다. 하지만 이병철은 어려운 상황에서도 오뚝이처럼 일어섰다.

이병철이 평생 즐겨 읽은 《논어》는 공자가 죽은 뒤 제자들이, 공자와 제자들의 말과 행동을 정리해 엮은 책이다. 《논어》라는 책 이름의 의미에 대해서 여러 의견이 있다. 그중에서도 제자들이 공자의 가르침을 의논하여 추리고 모은 것이라는 의미에서 책 이름이 정해졌다고 보는 의견이 설득력이 높다. 공자가 살았던 시대 사람들은 책을 지어도 이름을 정하지는 않았다. 《논어》라는 책 이름은 한나라 때 정해진 것으로 보이며 《사기》에 처음으로 나타나기 시작한다. 〈학이〉부터 〈요왈〉까지 모두 스무 편으로 이루어져 있는데 각 편의 첫 머리에 나오는 문장 중 단어 두세 개를 따서 편 이름을 지었다.

공자(기원전 551~기원전 479)는 춘추시대 말기에 살았던 노魯나라 사람이다. 일흔세 살까지 살았으니 건강을 타고나기도 했지만 관리도 잘 했을 터다. 아버지는 군인 출신이었는데, 전쟁 중에 위에서 내려오는 성문을 몸으로 받쳐 그 사이로 병사들을 빠져나오게 했다는 일화가 전할 정도로 힘이 장사였다고 한다.

아버지는 70대, 어머니는 10대. 외국 부자나 연예인들의 결혼 이야기가 아니라 공자 부모 이야기다. 공자 아버지는 정식 부인과 딸만 아홉 명을 낳았는데 아들을 낳고 싶어 늦장가를 가서 공자를 낳았다. 공자도 아버지의 피를 물려받아 체격이 컸다.《사기》의 〈공자 세가〉에 보면, 사람들이 모두 공자를 '키다리[長人]'라고 부르며 이상하게 봤다고 적혀 있다.

공자의 이름은, 그의 이마가 튀어나와 구丘(언덕을 뜻함)라고 지었다. 옛날 사람들은 서로 이름을 부르지 않고 자字를 불렀는데 공자의 자는 중니仲尼다. 중은 둘째 아들이라는 의미이며, 니는 어머니가 아들을 낳게 해달라고 빌었던 산 이름인 이구산尼丘山에서 따왔다. 세 살 때 아버지를, 열일곱 살 때 어머니를 여읜 공자는 불우하고 가난한 시절을 보냈다. 벼슬살이를 한 기간은 약 4년에 불과했다고 한다. 〈공자 세가〉에는 공자가 지금으로 치면 검찰총장이나 법무부장관 및 국무총리의 직책을 지냈다고 하나《논어》에는 관련된 기록이 보이지 않는다. 그런 높은 지위에 올랐다면 제자들이 언급했을 텐데 기록이 없는 점을 들어 사실이 아니라고 주장하는 사람도 있다. 공자는 인생의 대부분을 불우하게 보낸 사람이었다. 오죽하면 다른 나라에서 떠돌이 생활을 할 때 그를 본 사람이 '상갓집 개'에 비유했을 정도다. 상갓집 개는 주인은 죽고 돌봐줄 사람 없는 불쌍한 처지의 개다. 공자도 다른 사람이 자신을 '상갓집 개'로 비유했다는 말을 듣고 껄껄 웃으면서 맞는 말이라고 인정했다고 한다. 하지만 마음 한편으로는 서글픔도 느꼈을 것이다. 자신의 이상을 실현하고자 14년간 방랑 생활을 했으나 뜻을 얻지 못해 조국에 돌아와 제자 교육과 책 쓰기를 했다.《시경》,《서경》,《춘추》는 모두 공자가 지었다.

유가 사상의 시조인 공자는《논어》에 나와 있듯 살아 있을 때도 주로 도가道家 사상을 가진 사람들에게 배척을 당했다. 공자와 그의 사상이 공식적으로 대접을 받기 시작한 것은 유방이 한나라를 건국한 뒷날이다. 유방이 새 나라의 황제가 되었으나 신하들은 황제 앞에서도 서로의 공을 다투거나 큰소리를 지를 정도로 예법이 갖춰지지 않았다. 이에 숙손통이 유가에서 중요시하는 예와 법을 되살려 질서를 잡자 황제는 만족했다. 하지만 건국 초기에는 여전히 유가보다는 도가를 더 중시하는 분위기가 있었다.

유가는 한무제 때부터 한나라의 공식적인 통치이념의 자리를 차지했다. 충효와 신분 질서를 중요시하는 유가 사상이 통치 권력의 입맛에 딱 맞아 떨어졌기 때문이다. 392년에 로마제국의 테오도시우스 황제가 기독교를 국교로 삼은 사건과 비교할 수 있다. 이후 서양에서는 중세까지 기독교의 절대적인 영향을 받았다.

중국에서는 한무제 이후 유가가 절대적 권위를 휘둘렀으나 왕조에 따라서는 도가나 불교가 세력을 떨치기도 했다. 또한 공자의 '수난시대'도 있었다. 1919년 5·4운동 때 공자는 '도둑놈', 1960년대 문화대혁명 기간에는 '천하의 몹쓸 놈'이라는 소리를 들었다. 2011년 1월 11일 천안문광장에 세워진 공자의 동상이 100일도 지나지 않아 철거되는 일도 있었다. 공자와 유교는 정치, 경제적 변화에 따라 숭상의 대상이 되기도 하고 타도의 대상이 되기도 했다. 충효와 신분 질서를 중시하는 유가의 속성 때문에 대체로 창업의 시대에는 찬밥 신세였고, 수성의 시대에는 귀한 대접을 받았다.

《논어》에 보면 공자는 인간은 끊임없이 배워야 되는 존재이고, 배움을 통해 군자君子가 되며, 그렇게 군자가 되어 궁극적으로 세상을 바로잡는 일을 담당해야 된다고 말한다. 이병철은 《논어》를 통해 끊임없이 학습하는 자세를 배웠으며 자신을 수양했다. 그는 새로운 사업을 시작할 때면 스스로 자료나 정보를 접하면서 연구를 게을리하지 않았다. 때로는 관련 분야의 전문가를 만나서 의견을 들었다. 어떤 사업이든 주먹구구식으로 뛰어들지 않았으며 성공할 가능성이 없거나 자신이 없는 사업을 시작하는 것을 싫어했다.

오늘날의 삼성이 있기까지는 이병철 회장의 인재제일주의가 톡톡히 한몫을 했다. 삼성은 '인재사관학교'라는 말도 있다. 삼성에서 인재교육과 양성을 잘하기 때문에 다른 회사에서 좋은 조건으로 데려가는 경우가 많다. 삼성은 1957년에 한국 기업으로는 처음으로 신입사원 공개채용 시험을 치렀다.

이병철 회장은 아무리 바쁘더라도 신입사원 면접에 꼭 참석했다고 한다. 학력이나 성적만 중시하지 않고 용모단정하고 건강하고 진취적인 사람을 좋아했다. 말 잘하고 성적만 좋은 사람보다는《논어》에서 말하는 배움에 성실한 사람을 더 좋아했다.

《논어》에는 배움을 통해 자신을 갈고닦아 궁극적으로는 정치를 담당할 군자가 자주 등장한다. 군자는 자신을 갈고닦아 이미 높은 수준에 오른 사람이거나 그런 수준에 오르기 위해서 끊임없이 노력해야 되는 사람이다. 따라서 정확히 표현하자면 군자는 완성형이라기보다는 과정형의 인간이다. 군자는 다른 사람이 나를 알아주지 않아도 화를 내지 않고 모든 것의 원인을 자신에게서 찾으며 끊임없이 반성하는 존재다. 공자는 "다른 사람이 나를 몰라준다고 걱정하지 말고 내가 다른 사람을 모를 것을 걱정해야 된다"고 말한다. 또한 "자리 없음을 걱정하지 말고 능력이 되는지를 걱정해야 된다. 몰라준다고 걱정하지 말고 능력을 키워야 된다"는 말도 한다. 요컨대 군자는 남의 탓을 하지 않고 끊임없이 배우고 익히며 반성하는 존재다.

공자는 말이 앞서거나 너무 말을 잘하는 사람을 경계했다. 이것은 당시에 공자가 다른 생각을 가진 사람들과 대립하거나 투쟁한 측면과도 관계가 있다. 《논어》에 보면 특히 도가 계열의 사람들이 공자와 그 제자들을 비판하는 구절이 여럿 나온다. 공자와 초楚나라 사람 접여와 관련된 내용이다. 《논어》에는 "미친놈, 접여"라고 적혀 있다. 다분히 감정이 섞인 표현이다. 접여가 미친놈은 아니었다. 다만 공자와 생각이 달랐을 뿐이다. 접여가 공자 앞을 지나가며 "봉황새야, 봉황새야! 너의 덕은 어찌 이리 사그라졌냐. 지난날의 잘못이야 돌이킬 수 없지만, 앞날의 잘못이야 피할 수가 있다. 그만 두어라, 그만 두어라. 지금 정치하는 사람은 다 위험하다네"고 말했다. 공자에게 되지도 않을 일을 포기하라며 놀리는 노래다. 그러나 공자는 다른 사람들의 비판에도 아랑곳하지 않고 자기의 길을 갔다.

그런 면에서 공자는 현실주의자이면서 이상주의자였다. 눈앞에 펼쳐진 잘못된 현실을 바꾸려 했다는 점에서 현실주의자였다. 현실을 외면한 채 내세에 잘살기 위해 노력하자고 주장하지 않았다. 한

편 약육강식의 논리만이 통하는 현실에서 예禮와 덕德으로 세상을 바꾸려는 희망의 끈을 놓지 않았다는 점에서는 이상주의자였다. 공자가 살았을 때도 다른 사람들은 공자와 제자들을 불가능에 도전하는 인물로 취급했다. 《논어》에는 문지기가 공자의 제자에게 "안 되는 줄 뻔히 알면서도 굳이 하려는 사람들이다"고 말하는 구절이 있다.

이병철 또한 현실주의자이면서 이상주의자였다. 성공할 가능성이 낮거나 자신 없는 사업이면 처음부터 시작하지 않았다는 점에서는 현실주의자였다. 반도체 사업 진출에서 보듯 남들이 뭐라 해도 가야할 길이라면 과감하게 도전했다는 점에서는 이상주의자였다.

현실주의자이자 이상주의자인 공자와 이병철의 바탕에는 평생학습의 자세가 있었다. 현실을 잘 살피고자 할 때나 이상을 위해 다른 사람의 손가락질이나 반대를 무릅쓸 때 또한 끊임없는 학습이 필요하다. 공자는 거의 일흔 살이 되어서도 《역》을 학습했다. 공자는 자기를 따라올 사람이 없다고 스스로 말할 정도로 배움을 좋아했다.

이병철 또한 평생학습의 자세가 몸에 배어 있었다. 그는 보통사람이라면 인생을 마무리하고 손자 재롱이나 보며 즐거움을 느낄 일흔세 살에 반도체 사업에 진출했다. 반도체, 컴퓨터와 관련된 수많은 책을 읽고, 매일 보고서를 보고, 전문가들을 만났다.

요즘 세상은 조금 과장하자면 빛의 속도로 변하고 있다. 어제의 진리가 오늘도 진리의 자리를 차지하리라 장담할 수 없다. 변화하는 세상에 잘 적응하려면 자신이 변화하는 수밖에 없다. 적응과 생존수단으로서 변화의 가장 큰 무기는 평생학습의 자세다.

# 소통능력은
# 리더의 최고 덕목이다

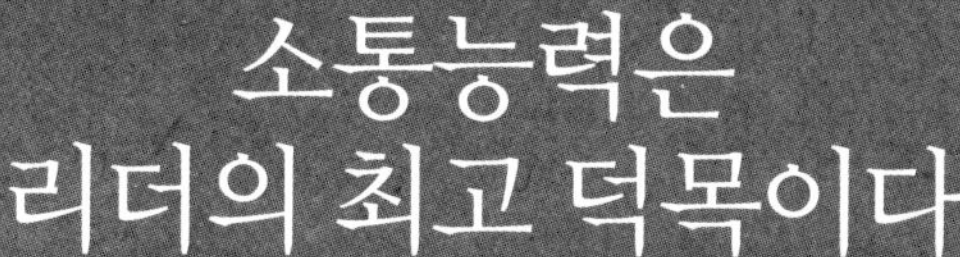

———

물론 지금까지 그런 일은 없었지만, 청와대의 대통령이 자는 방 지
붕에 테러리스트가 침입했다면? 조선 정조가 왕위에 오른 지 1년째
인 1777년 7월 28일에는 실제로 그런 일이 일어났다. 정조가 죽은
뒤 만들어진《정조실록》에는 그날 도둑이 들었다고 적혀 있지만, 도
둑이 아니라 암살을 목적으로 침입한 자객이었다.

할아버지 영조의 뒤를 이을 세손으로 확정된 뒤에도 정조는 "옷
을 벗지 못하고 자는 때가 또한 몇 달인지 알 수 없었다"고 말할 정
도였다. 끊임없이 생명의 위협을 느끼며 살았다. 어릴 때부터 책을
좋아하기도 했지만 정조는 혹시 있을지도 모를 자객의 침입에 대비

해서라도 독서로 밤을 새곤 했다. 독서는 학문의 수단일 뿐 아니라 생명을 보호하는 무기였다.

그날도 정조는 경희궁 존현각에서 촛불을 켜고 책을 읽고 있었다. 곁에 있던 내시는 호위하는 군사들을 단속하러 나가고 방에는 정조 혼자였다. 갑자기 머리 위에서 기와 조각을 던지는 소리가 들렸다. 소리쳐 사람들을 불러 횃불을 들고 수색하자 기와, 자갈, 모래, 흙 등이 여기저기 흩어져 있었다. 도승지 홍국영이 군사를 거느리고 수색했으나 어둡고 풀이 무성하여 자객을 찾지 못했다. 그런데 이 자객은 13일 뒤에 다시 궁궐 담을 넘으려다 군사들에게 붙잡혀 '암살시도사건'의 진상이 드러났다. 정조의 아버지 사도세자를 죽게 한 홍계희의 손자 홍상범이 궁궐의 호위 군사를 매수하여 암살을 시도했다. 할아버지가 정조의 아버지를 죽이는 일에 가담했으니 정조를 없애지 않는 한 희망이 없다고 본 것이다. 정조의 어머니인 혜경궁 홍씨의 동생인 홍낙임도 가담했다. 혜경궁 홍씨는 단식을 하면서 정조에게 동생을 풀어달라고 시위했다. 정권을 잡고 있던 노론도 홍낙임이 제 편이라고 어물쩍 넘어가기를 원했다. 정조는 홍상범은 죽이고 외삼촌 홍낙임은 석방할 수밖에 없었다.

열한 살에 정조는 할아버지 영조가 아버지 사도세자를 8일 동안 뒤주에 가두어 죽이는 일을 겪었다. 세손이었던 정조는 할아버지에게 아버지를 살려달라고 애원했지만 할아버지는 막무가내였다. 혜경궁 홍씨와 외할아버지는 힘이 되지 못했을 뿐 아니라 영조와 뜻을 같이했다.

사람들은 사도세자가 아버지 영조에 의해 죽음을 당한 이유를 다양하게 해석한다. 건강이 좋지 않던 영조를 대신해 사도세자가 정치를 하는 동안 반대파를 지지해서 영조의 노여움을 샀다는 게 그중 하나다. 또한 영조 부인이었던 정순왕후와 노론 세력이 손을 잡고 영조와 사도세자를 이간질했다고도 한다. 영조의 성격은 급하고 분명했다. 사도세자가 질문에 답을 못 하거나 그 답이 부족하다고 생각하면 화를 내고 호통을 쳤다. 사도세자는 아버지의 강한 성격에 주눅이 들고 빗나간 행동을 하게 된다. 궁궐을 몰래 빠져나간다거나 궁녀를 죽여서 미움을 사기도 했다. 사도세자가 평양 지역을 다녀온 일이 영조가 등을 돌린 결정적인 계기였다고 주장하는 사람도 있다. 당시 평양에는 조선의 최정예 부대가 주둔하고 있었다. 사도세자가 평양 군대를 끌고 와서 영조에게 대항하려고 했다는 것이다. 물론 이 부분은 조선왕조실록이나 공식적인 기록에는 전혀 드러나 있지 않다. 우리는 역사적 상상력을 발휘하여 사도세자가 죽게 된 가장 그럴 듯한 이유를 짐작할 뿐이다.

죽음을 맞이한 아버지 자리를 대신해 세손이 되었던 정조는 옴

짝달싹할 수 없는 상황에서 그나마 영조의 강력한 지지를 바탕으로 왕에 오른다. 사도세자를 죽였으며 그의 아들인 정조가 왕이 되면 안 된다고 반대했던 세력은 사도세자의 '시옷' 자만 나와도 깜짝깜짝 놀랄 수밖에 없었다. 도둑이 제 발 저리는 격이었다. 실제로 반대 세력이 오줌을 지릴 상황이 발생했다. 그것도 사도세자가 죽은 지 14년이 지났고 정조가 즉위한 첫날. 정조는 신하들을 모조리 불러 모으고 "아! 나는 사도세자의 아들이다"고 외쳤다. 그동안 가슴에 묻어두고 참아왔던 한 마디였다. 물론 정조가 이 한 마디만 했다면 반대 세력은 다리가 후들거리고 땀을 비 오듯 흘리며 경계를 하였을 것이다. 하지만 정조는 이 말 뒤에 '선대왕 영조가 종통의 중요함을 위하여 자신을 효장세자(장남)를 이어받도록 했으며, 예는 비록 엄격해야 하나, 인정도 또한 펴지 않을 수 없는 것'이기에 사도세자에게는 '왕실의 예법이 아닌, 대부의 예를 갖추어 제사를 지낼 것'인 바, 이런 분부를 받고서도 '사도세자에게 임금의 칭호를 올리자는 의견을 말하면 처벌할 것'이라고 말했다.

정조는 임금이라 하더라도 자신의 감정을 내세워 마음대로 행동할 수는 없었다. 게다가 자신을 믿고 따르는 사람은 한줌밖에 안 되었다. 반대 세력이 중요한 자리의 대부분을 차지하고 있었으니 아버지 복수를 하려고 해도 쉽지 않은 상황이었다. 복수의 칼을 휘두른다면 피바람이 불 것이며 자신의 생명도 어찌 될지 장담할 수 없었다.

영조는 세손인 정조에게 사도세자와 관련된 일은 '보지도, 듣지도, 말하지도 말라'고 지시했다. 할아버지 뜻을 따르자니 아버지가, 아버지의 원한을 풀어주자니 할아버지가 맘에 걸리는 상황이었다. 혜경궁 홍씨의 작은아버지인 홍인한은 병에 걸린 영조가 세손이었던 정조에게 대신 정치를 담당하도록 하자 끝까지 반대하기도 했다. 영조에게 "세손은 이조판서나 병조판서를 누가 할 수 있는지 알 필요가 없으며, 나랏일은 더욱 알 필요가 없습니다"고 했다. 정조가 왕이 된 후 홍인한을 귀양 보냈다. 눈치를 보던 신하들이 어쩔 수 없이 홍인한을 죽이라고 했으나 정조는 따르지 않았다. 어머니의 마음을 다치게 하고 싶지 않았던 것이다. 마지못해 어머니가 승낙한다고 하자 홍인한에게 사약을 내렸다. 정조는 아버지 죽음과 관련이 있거나 자신의 자리를 방해했던 사람 중 최소한의 몇 명에게만 죄를 물었다.

영조는 탕평책으로 당파싸움의 잘못을 고치려 했으나 완전히 뿌리 뽑지는 못했다. 강력한 왕권을 바탕으로 붕당정치에 물들지 않은 사람을 등용하는 정도였다. 정조는 영조의 탕평책을 이어받았으며 붕당정치의 잘못을 바로잡는 일을 숙제로 여겼다. 또한 '탕평'의 미래를 열기 위해서는 강력한 왕권이 필요하다고 생각한 점에서는 영조와 일치했다. 정조는 중국 고대의 이상적인 임금들도 권한을 직접

적으로 행사했다고 보았다. 아버지 사도세자는 붕당정치의 희생양이었다. 어린 나이에 아버지가 죽어가는 모습을 봤던 정조가 복수에 눈이 멀었다면 한바탕 피바람이 불었을 것이다. 그러나 현명한 정조는 어리석은 군주와는 다른 길을 택했다.

정조가 미래로 가는 길에는 탕평이 있었다. 신하들 주장의 잘잘못을 명백히 가리는 원칙으로 탕평을 추진했다. 당파를 떠나 올바른 의견을 내는 사람은 받아들이고, 옳지 않으면 내친다는 입장이었다. 탕평은 요즘 말로 표현하면 '소통' 및 '대통합' 정책이다. 정조는 "방에 특별히 탕탕평평실蕩蕩平平室이라고 쓴 액자를 걸어놓고 아침저녁으로 눈여겨보면서 나의 끝없는 교훈으로 삼아오고 있다"고 말하기도 했다. 자신이 자는 방을 '탕평의 방'이라고 부르면서 탕평을 좌우명으로 삼았을 정도로 중요하게 생각했다.

정조가 탕평을 정치의 중심으로 생각하기까지에는 몇 가지 요인이 작용했다. 영조가 정치를 하는 모습을 지켜보면서 탕평의 아이디어를 얻었으며 더욱 철저하게 이루고자 했다. 또한 자신의 세력은 약하고 반대 세력이 대부분인 상황도 한몫했다. 왕위에 올라 정치를 하기 위해서는 반대 세력도 끌어안아야 할 현실적인 필요성이 있었다. 무엇보다도 《서경書經》을 깊이 있게 읽으면서 탕평만이 붕당정치를 뿌리 뽑고 새로운 사회를 이룰 수 있다는 믿음을 다졌다. 탕평

은《서경》의 "치우침이 없고 당파가 없으면 왕의 앞길이 순조롭고,
당파가 없고 치우침이 없으면 왕의 앞길이 평평할 것이다"라는 말
에서 비롯되었다.

《서경》은 유가 사상을 대표하는 사서오경四書五經(사서는《논어》,
《맹자》,《중용》,《대학》이며, 오경은《서경》,《주역》,《시경》,《춘추》,《예기》) 중
의 하나로 공자가 정리한 중국 고대 역사서다. 중국 고대의 요순부
터 진나라 목공 때까지 왕들의 말과 행동을 기록했다. 공자 이전에
역사를 기록하던 사관이 적은 기록을 참고로 하여 썼다. 처음에는
《서》라고 불렸는데 이후《상서》로 불리기도 했다.

정조는《오경백편》을 펴냈다.《오경백편》은 정조가 직접《서경》,
《주역》,《시경》,《춘추》,《예기》에서 중요한 내용 99편을 추리고 주
자의 저술 두 편을 더해서 만들었다.《오경백편》은 정조가 생각하는
오경의 요약본인 셈이다.《오경백편》의《서경》편을 보면,《서경》중
에서도 소통에 힘쓰고 정치를 주도적으로 이끌었던 임금에 관한 내
용만 가려 뽑았다. 정조 스스로 어떤 임금이 되고자 했는지 알 수 있
는 대목이다.《정조실록》에는《서경》이 90여 번 언급되었으며, 과거
시험에도 자주 출제되었다. 그만큼 정조에게《서경》은 중요한 경전
이었다.

정조는《서경》에 나오는 요순, 삼대三代를 자신이 따라야 할 정치

의 이상향으로 생각했다. 요와 순은 중국 전설시대 군주이며 '삼대'
로 불리는 하夏나라와 은殷나라와 주周나라가 그 뒤를 이었다. 요는
순에게 임금의 자리를 넘겨주었다. 우는 순으로부터 자리를 이어받
아 하나라를 세웠고, 탕은 하나라의 마지막 임금인 걸을 몰아내고
상商나라를 세웠다. 상나라는 나중에 도읍을 은으로 옮겨 왕조 이름
을 은나라라 부르기도 한다. 주문왕은 건국의 기반을 닦았고, 무왕
은 은의 마지막 임금인 주를 몰아내고 주나라를 세웠다. 유교에서는
요순시대와 삼대를 왕도王道 정치가 실시되었던 이상적인 시대로
떠받들었다. 삼대 이후 인의仁義의 도가 땅에 떨어졌다고 보고, 항상
본받아야 할 '마음속의 정치적 고향'으로서 요·순, 삼대를 이야기
한다. 물론, 유교 입장에서 요순시대와 삼대의 모든 통치자를 본받
자는 말은 아니다. 삼대에도 백성의 고통은 나몰라한 채 즐기기만
하거나 나라를 망친 임금도 있었다. 유교에서 본받고자 하는 이상적
인 군주는 요임금, 순임금, 우왕, 탕왕, 문왕, 무왕이다. 조선왕조실
록 중《영조실록》에 나오는 영조와 정조가 나눈 대화를 들어보자.


　　**영조**: 국가에 군주를 세우는 것은 군주를 위한 것인가? 백성을 위
　　　　한 것인가?

　　**정조**: 군사君師(임금이자 스승이 되는 사람)를 세우는 것은 백성을 편

안하게 하려는 것입니다.

**영조**: 군사의 책임을 감당한 사람은 누구인가?

**정조**: 요·순, 삼대의 군주가 그랬습니다. 삼대 이후로는 감당한 사람이 드물었습니다.

**영조**: 너는 군사가 되고 싶으냐? 천하를 다스리는 스승이 되고 싶으냐?

**정조**: 천하를 다스리는 스승이 되고 싶습니다.

**영조**: 그 뜻이 크구나. 사관은 잘 기록해 두어라. 만일 천하를 다스리는 스승이 될 수 없다면 군사도 될 수 없을 것이니 저 사관에게 부끄럽지 않겠는가?

임금이자 스승인 군사는 《서경》에 나온다. 주나라 무왕이 은나라 주왕을 치기 위해 군대를 앞에 두고 "하늘이 백성을 도와 임금을 만들고 스승을 만든 이유는 오직 하느님을 잘 도와서 사방을 사랑하고 편안하게 하고자 한 것이다. 죄 있는 자를 처벌하고, 죄 없는 자를 도와주는 일에서 내가 감히 하늘의 뜻을 어기겠는가?"고 말했다. 주왕이 하늘에서 부여받은 임금이자 스승 역할을 제대로 하지 못하므로 정벌해야 된다는 논리다.

할아버지 영조에게 후계수업을 받을 때도 정조는 천하를 다스리는 스승이 되고 싶다고 말했다. 왕위에 올라서도 자신만이 군사의 역할을 담당할 수 있다고 자부했다. 자신이 요순과 삼대의 정통성을 이어받았다고 말했다. 정조 스스로가 요-순-우왕-탕왕-문왕-무왕-공자-맹자-정자-주자로 이어지는 유교의 계승자라고 주장한다. 정자와 주자는 중국 송나라 때 유교를 발전시킨 사람들이다.

조선 선비들 중에는 요순, 삼대의 임금들이 옷을 걸치고 팔짱을 끼고 있었는데도 천하가 잘 다스려졌다고 말하는 이들도 있었다. 그들에게 임금은 가르침의 대상이지 절대적으로 따라야 할 대상은 아니었다. 정치는 임금과 신하가 함께하는 것으로 이해했다. 그러나 정조의 생각은 달랐다. 정조는 중국 고대의 이상적인 군주들이 신하들의 의견을 듣되 앞장서서 정치를 이끌어나간 존재로 이해한다. 정조가 이상적인 군주로 본받고자 한 요임금은 후계자를 찾는 일에서도 신하들에게 물어보기는 하지만 결국은 자신이 점찍은 순에게 자리를 물려준다. 요임금은 딸을 순에게 시집보내고, 여러 관직을 맡기면서 순의 사람됨과 능력을 검증한 뒤 스스로의 판단에 따라 후계자로 낙점했다. 정조는 이상적인 군주들은 팔짱만 끼고 신하들에게 일을 전적으로 맡겨둔 것이 아니라 직접 정치를 하고 솔선수범했다고 생각했다. 그러한 생각을 한 정조는 강력한 왕권을 바탕으로 정치의 주도권을 잡고 국가 통치 지침인 탕평을 실현하기 위해서 소통의 자세를 굳게 지켰다.

《서경》에 보면, 순임금이 요임금을 평가하면서 "여러 사람에게서 살펴 자기를 버리고 남을 따르며, 하소연할 곳 없는 사람들을 모질게 대하지 않고, 어려운 사람들을 내치거나 버리지 않은 것은 오직 요임금만이 잘 해냈다"고 말한다. 결국 요임금은 자신보다는 남의 좋은 의견을 잘 따르고 많은 사람들을 끌어안았다는 말이 된다. 순은 임금이 되자 사방의 문을 열어놓고, 사방에 눈을 밝혔으며, 사방에 귀를 열어놓았다고 한다. 그는 "백성들은 먹는 문제가 가장 중요하며 오직 때를 잘 맞추어야 한다. 멀리 있는 자를 부드럽게 어루만지고, 가까이 있는 자는 능력을 키우게 해야 된다. 덕이 있는 자를 우대하고 우수한 자를 믿으며 간사한 자를 어렵게 만들면 오랑캐라 하더라도 따를 것이다"고 말했다. 임금이 되자 소통에 힘쓰는 모습을 보이고 오직 덕이 있고 능력이 있는 사람을 소중히 생각하겠다는 의지를 표현한 것이다. 신하인 고요가 "임금이 현명하면 신하들이 어질어지고 모든 일이 편안해지네. 임금이 좀스러우면 신하들이 게을러지고 모든 일이 어긋나네"라고 노래를 부르자 순임금은 절을 했다고 한다. 신하가 임금에게 경계의 말을 올리자 순임금은 절을 할 정도로 귀와 가슴이 열린 사람이었다.

요임금과 순임금 모두는 소통의 전문가였다. 정조는 신하들에게

'요순시대가 다시 올 수 없다고 말하지 말라'고 했다. 정조가 탕평시대를 활짝 열어놓은 중심에는 소통철학이 있었다. 귀와 가슴을 열고 사람을 대해야 두루 인재를 등용할 수 있다. 소통을 해야 잘잘못을 가릴 수 있다. 반대파라고 숫제 귀를 닫고 대화조차 하지 않는다면 받아들일 만한 의견이 있는지 없는지 알 길이 없다. 소통은 내가 아닌 다른 사람들에게서 지혜를 구하는 과정이며 겸손함의 표현이다. 정조는 요순의 소통철학을 본받아서 소통을 통해 태평성대를 직접 이루고자 했다.

《서경》에 나오는 치수 사업과 관련된 글에서도 소통의 중요성을 깨닫고 아이디어를 얻을 수 있다. 정조 또한 이 대목을 놓치지 않았을 것이다. 중국 고대에는 황하가 넘쳐 피해가 컸다. 치수 사업은 공동체의 사활이 걸린 문제였다. 순임금은 곤에게 치수 사업을 맡겼다. 곤은 저수지와 댐만 만들면 근심 걱정이 사라질 것이라고 생각했는데, 홍수로 물이 넘쳐흐르자 걷잡을 수 없었다. 순임금은 책임을 물어 곤을 처형한다. 하나라 시조인 우는 곤의 아들이었다. 아버지의 뒤를 이어 치수 담당자가 된 우는 아버지의 실패에서 교훈을 얻었다. 물길을 막는 방식이 아니라 물길의 방향에 따라 터주고 바다로 흘러가게 하는 방식을 택해서 성공한다. 치수 사업의 공을 인정받아 우는 순임금에게서 임금 자리를 물려받게 된다.

치수의 이치가 정치에도 적용될 수 있다. 어리석은 집권자는 백성들의 입을 틀어막으면 통치를 쉽게 할 수 있다고 생각한다. 하지만 막혔던 민심의 봇물은 언젠가는 터질 수밖에 없다. 평상시에 백성의 터진 입에서 민심을 읽고 정치에 반영하는 사람이 진정 현명한 정치가다.

정조는 소통을 평생의 과제로 삼았다. 아버지는 당파싸움의 희생양이 되었고, 자신은 바늘방석 위에 앉아 있는 세손 생활을 하다가 왕위에 올랐다. 《서경》의 소통철학을 받아들이고 영조의 뜻을 이어받아 탕평 정책을 계속 펼쳤다. 과거의 죄를 묻는 일은 최소한의 범위에서 처리하고자 했다. 반대 세력의 의견에도 귀 기울이고 오직 옳고 그름만을 따졌다.

《서경》에는 은나라 고종이 성을 쌓고 있던 부열을 등용해 지금의 국무총리라고 할 수 있는 재상으로 삼았다는 대목이 나온다. 부열은 공사장 인부에서 국무총리로 벼락출세한 사람이었다. 고종은 부열을 등용하여 은나라의 중흥을 이끌었다. 정조의 인재등용 또한 당시로서는 파격적이었다. 성리학의 이념이 지배한 조선 사회는 본부인이 아닌 첩의 자식인 서얼은 사람대접을 받지 못했다. 허균의 《홍길동전》에서 본부인 자식이 아닌 홍길동은 아버지에게 "아버지를 아버지라 부르지 못하고, 형을 형이라 부르지 못하니 어찌 사람이라고

하겠습니까"라고 말한다. 길동은 본부인 자식이 아니어서 아버지를 아버지라고 부를 수조차 없었다. 집안에서의 차별도 이렇게 심한데 중요한 관직을 맡는 일은 꿈도 못 꿀 일이었다.

정조는 서얼을 등용하여 앞길을 터주고 능력을 발휘하도록 도왔다. 서얼도 차별하지 않고 소통의 대상으로 삼았던 것이다. 규장각에서 문서를 정리하고 검토하는 작업을 맡는 검서관에 모두 서얼 출신인 이덕무, 유득공, 박제가, 서리수를 등용했다. 검서관은 왕과 신하들 사이에 논의되는 내용을 기록하고 서명하여 보관하는 중요한 역할도 맡았다. 정조는 "이덕무, 박제가 등의 문장은 맘에 들지 않지만, 이들의 처지가 남과 다르기 때문에 스스로 능력을 드러내도록 돕고자 한 것이다"고 말했다. 서얼 출신을 등용한다고 반대도 심했지만 그들의 능력을 높이 평가해 관직을 맡겨서 그들의 어깨를 펴주었다.

세종은 조선 초기 번영을 이끌었고, 정조는 후기에 '조선판 르네상스'를 열었다. 2009년 2월에 정조가 반대파의 중심인물이었던 심환지에게 보낸 '비밀편지'가 공개되었다. 약 4년간에 걸쳐 보낸 297통이었다. 정조가 욕을 하는 대목도 나오고 심환지와 정치에 대한 정보를 교환하고 협조를 지시하는 부분도 있다. 정조가 편지를 읽은 뒤에는 없애버리라고 명령했는데도 심환지가 남겨두어서 세상의 빛을 보게 되었다. 편지가 공개되자 정조가 반대파 인물과 짜고 술수를 부리기도 했다는 둥 말이 많았다. 화를 내고 욕을 하는 구절을 보고는 정조의 인간적 모습을 볼 수 있다는 말도 한다. 그러나 다른 무엇보다 주목해야 할 점은 정조가 반대파의 중심인물이며 독살의 배후 인물로까지 의심받는 심환지와 편지를 주고받았다는 사실 그 자체다. 이 사실을 통해 어리석은 군주와는 다른 정조의 본모습을 볼 수 있다. 불통의 권력자는 반대 세력과는 눈도 마주치지 않고, 귀는 닫고, 말도 섞지 않으려 한다. 반면에 정조는 반대 세력조차 소통의 대상으로 삼으려고 했다.

정조는 편안하게 골방에 틀어박혀 글만 읽는 학자가 아니었다. 정조는 임금, 즉 정치가였다. 그의 어깨 위에는 조선 백성의 현재와 미래가 걸려 있었다. 어떻게 해서라도 분열과 대립의 시대를 마감하고 소통과 대통합의 시대를 열어야 할 필요가 있었다. 정조의 가슴 한 쪽 구석에는 과거가, 나머지 많은 부분에는 미래가 가득 들어차 있었다.

정조는 24년 동안 임금의 자리에 있었고 마흔아홉 살에 죽음을 맞이했다. 독살되었느냐, 병으로 죽었느냐에 대해서도 의견이 분분하다. 말년의 정조는 종기로 고생하고 있었다. 독살설을 주장하는 입장에서는 치료를 받다가 수은에 중독되었다고 말한다. 죽는 마지막 순간에 정조의 최대 정적이었던 영조의 부인 정순왕후 혼자만 방을 지켰다는 점도 독살설의 근거로 내세운다. 정순왕후가 노론과 짜고 독살시켰다는 것이다. 정순왕후는 사도세자를 죽음으로 내몬 김귀주의 동생이었으며 공식적으로는 정조의 할머니였다. 세손 시절의 정조를 영조와 이간질시키고 왕위에 있는 정조를 끊임없이 괴롭혔던 인물이다. 그러나 정조가 치료받던 방법을 지금에 와서 실험에 옮겼더니 목숨을 빼앗을 정도는 아니었다는 주장을 하는 사람도 있다. 또한 독살의 배후인물로 주목받던 심환지에게 보낸 편지 내용을 들어 독살이 아니라고 주장하기도 한다. 편지에 종기가 애를 먹여서 정조 스스로 수은 치료 방법에 동의했다는 점을 이유로 든다. 왕조시대의 궁궐 안 일이 워낙 비밀스런 영역이라 섣부른 판단을 할 수는 없다. 당시의 자료와 상황 그리고 그 이후에 전개되는 상황을 미루어 짐작할 수밖에 없는 노릇이다.

정조가 죽자 당시 열한 살이던 순조가 왕위에 오른다. 이후 정순왕후가 3년 동안 수렴청정을 했다. 그 기간 정조의 개혁정치에 대한 반동정치가 시작되었다. 천주교를 탄압하는 과정에서는 정순왕후의 반대 세력이었던 많은 사람들이 귀양을 가거나 죽었다. 정약용 형제도 칼끝을 피해갈 수 없었다. 미래의 영의정 감이었던 정약용과 그의 형 정약전은 유배 생활을 하고, 또 다른 형인 정약종은 죽음을 당했다. 순조시대는 홍경래의 난을 비롯한 민중 봉기와 반역사건이 자주 일어났고 한 집안이 권력을 독점하는 세도정치가 이루어졌다. 정조의 꿈은 이루어지지 않은 채, 조선은 점점 더 깊은 수렁 속으로 빠져 들어갔다.

《서경》은 정조에게 소통과 통합의 정치를 이끌게 했다. 정조는 과거보다는 미래를 생각했고 심지어는 반대파의 우두머리와도 소통하고자 노력했다. 이 시대의 정치인과는 확실히 다른 모습이다. 정조는 보통사람이라면 감당하기 어려운 극심한 스트레스 속에서 살았다. 아버지는 당파싸움의 희생양이 되었고, 자신은 세손 시절뿐 아니라 왕위에 있으면서도 반대파의 암살 위협에 시달렸다. 소통을 몸소 실천하기에는 쌓인 울분이 너무나 많았던 정조였지만 미래를 향한 걸음을 멈추지 않았다. 정조의 소통 노력이 더욱 값지고 강렬한 메시지를 던져주는 이유가 바로 여기에 있다.

국내든 국제사회든 분열과 대립의 시대다. 다름을 인정하지 않고 차이는 차별의 원인으로 작용한다. 이런저런 이유로 자신이나 자신이 속한 집단과 다른 상대방 사이에는 결코 무너지지 않는 마음의 벽을 쌓는다. 심지어는 상대방을 무너뜨려야 할 적으로 간주한다. 대화와 타협, 소통이 끼어들 여지는 처음부터 없다. 정치인이 다른 정치인이나 국민을 대상으로 소통하는 것을 보면 '쇼'에 불과한 경우가 대부분이다. 강대국이 약소국을 대할 때도 마찬가지다. 상대를 이해하려는 진정성은 갖다버린 지 오래이면서도 자신이 소통을 하는 양 연출하는 데 급급하다. 소통은 가면놀이나 번지르르하게 꾸며진 각본에 따라 움직이는 연기가 되어서는 안 된다.

여러 조건상 우월한 위치에 있거나 과거에 잘못을 저지른 쪽이 소통을 실천할 때는 진정성이 가장 중요한 요소다. 강자는 자신이 가진 것을 무기삼지 않고 약자와 눈높이를 맞추며 먼저 낮은 데로 임하는 자세를 가져야 한다. 또한 과거의 잘못을 사과하려는 쪽이 잘못을 솔직하게 인정하고 같은 잘못을 저지르지 않겠다는 진심을 보여줄 때 상대방은 내민 손을 잡아준다. 우리는 지금 불통이나 '쇼'에 불과한 소통이 아닌 진정성 있는 소통이 절대적으로 필요한 시대에 살고 있다. 정조가 그리워지는 이유다. 정조가 이루고자 했던 소통과 대통합을 통한 대동사회 건설의 꿈은 아직도 진행형으로 남겨져 있다.

# 사람을 신뢰하면
# 천하를 얻는다

———

도전道傳이 소재동 황연의 집에 세 들어 살았다. 그 동네는 바로 나주에 속한 부곡의 거평 땅으로 소재사란 절이 있어 이름 붙인 것이다. 주위가 모두 산으로 둘러 있는데 북동쪽에는 중첩된 봉우리와 고개들이 서로 잇달아 있고, 서남쪽에는 여러 봉우리가 낮고 작아 멀리 바라볼 수 있다.

_정도전, 정병철 편저,《삼봉집》, 한국학술정보, 2009.

고려 우왕 때인 1375년 서른네 살의 정도전(1342~98)이 귀양을 떠나 소재동에서 3년간의 유배 생활을 쓴 〈소재동기〉는 이렇게 시작하고 있다. 정도전의 유배지는 나주 거평(지금의 전남 나주시 다시면 운봉리 백동마을) 부곡이었는데, 부곡은 사회경제적 약자가 사는 특수 행정구역이었다.

> 그리고 사람들은 순박하면서 허영심이 없고 열심히 농업에 종사하고 있는데, 그중에 황연이 더욱 그랬다. 그 집은 술을 잘 빚고 황연이 또 술을 좋아하였으므로, 술이 익으면 나를 먼저 초대하여 함께 마셨다. 손님이 오면 언제나 술을 가져와 대접하는데, 오래 사귈수록 더욱 공손하였다. 또 김성길이라는 사람이 있어 약간의 글을 깨우쳤고, 그 아우 천은 담소를 잘하는데, 모두 술을 좋아하였으며 형제가 한집에 살았다. 또 서안길이라는 사람은 늙어서 중이 되어 안심이라고 불렀는데, 코가 높고 얼굴이 길며 용모와 행동이 괴이하여 온갖 사투리 · 속담 · 여항의 일들을 기억하지 못하는 것이 없었다. 또 김천부 · 조송이란 사람이 있는데 그들도 술 마시는 것은 김성길 · 황연과 비슷하였다. 날마다 찾아와 놀고, 매 철마다 토산물이 생기면 반드시 술과 안주 그리고 기타 마실 것을 가지고 와 한껏 즐기고 돌아갔다.

_정도전, 정병철 편저,《삼봉집》, 한국학술정보, 2009.

동네 사람들은 어려운 살림에도 술과 음식을 갖고 와서 귀양살이 하는 정도전을 극진하게 대접했다.

언제인가 농사꾼 혹은 시골 늙은이를 만나 싸리 빗자루를 깔고 앉아 서로 위로하기를 옛 친구처럼 하였다. 하루는 뒷산에 올라가 사방을 둘러보니, 서쪽 한 곳이 평평하고 그 아래 넓은 들판이 펼쳐 있어 좋아 보이기에 곧, 노복에게 지시하여 묵은 숲을 베어내고 띳집 두어 칸을 지었다. 처마는 가지런하지도 않고 나무는 깎지도 않은 채 흙을 쌓아 뜰을 만들고 갈대를 엮어 울타리를 만드니, 일이 간단하고 힘이 적게 드는데도, 동네 사람들이 도와주어 몇 날 되지 않아 띳집이 완성되었다. 그래서 편액을 초사라 이름하고 곧 거처하게 되었다.

_정도전, 정병철 편저,《삼봉집》, 한국학술정보, 2009.

정도전의 허름한 집을 짓는 어렵지 않은 일마저 이웃 사람들이 달려들어 도와주었다. 정이 넘치는 이웃의 모습이 선하다. 지금도 우리네 농촌에 가면 정도전의 이웃사람들을 도처에서 만날 수 있다. 유배지에서 만난 농민들의 모습은 학자이자 중앙정부 관리로 살아온 정도전에게 강렬한 인상을 남겼다.

다만 내가 찬찬하지 못하고 너무 고지식하여 세상의 버림을 받아 귀양살이로 멀리 와 있음에도 동네 사람들은 나를 대하길 이렇게 두텁게 하니, 어쩌면 궁핍함을 불쌍하게 생각하고 보살펴 주는 것일까? 아니면 그들이 먼 지방에서 나고 자라서 당시의 의론을 듣지 못하여 내가 죄가 있는 사람임을 몰라서인가? 아무튼 모두들 후대가 지극하였다. 나는 한편으로 부끄럽고 한편으로 감동되어, 그 시말을 글로 써서 나의 뜻을 표하는 바이다.

_정도전, 정병철 편저, 《삼봉집》, 한국학술정보, 2009.

동네 사람들은 어려운 생활에도 유배를 온 정도전을 오래된 이웃처럼 따뜻하게 대했다. 정도전은 농민들의 건강한 정신을 배우고 그들의 고통을 온몸으로 느꼈다. 마음속에는 백성에 대한 믿음과 애정이 차곡차곡 쌓였다.

고려 말 당시 중국 대륙에서는 원·명의 왕조가 교체되는 시기로 원나라는 자기 앞가림도 못 하는 상황이었다. 그러나 원나라에 빌붙어 권력과 부를 누렸던 고려의 친원파 세력은 분위기 파악도 못 하고 원나라에 계속 애정 표현을 하고 있었다.

정도전은 새롭게 일어나는 명나라와 관계를 잘 유지하자는 입장이었다. 고려와 힘을 합쳐 명나라를 공격하자고 찾아오는 원나라의 사신을 접대하라는 친원파 대신들의 말에 "내가 사신의 목을 베거나 아니면 체포해 명나라로 보내겠다"고 말했다. 원나라의 사신 접대를 거부한 정도전은 미움을 사서 전라도 나주로 귀양을 갔다. 어쩌다가 세상 사람들의 웃음거리가 되어 이 지경에 이르렀냐는 부인의 편지에 그는 "그대가 집을 근심하고 내가 나라를 근심하는 것이 어찌 다름이 있겠소. 각자 자기의 직분을 다하고 있을 뿐이오. 성공과 실패, 이로움과 해로움, 명예와 치욕, 얻고 잃는 것은 하늘이 정한 것이지 사람에게 있는 것이 아니요. 무엇을 근심하겠소"라고 답한다. 말은 이렇게 했지만 정도전인들 왜 가족 걱정을 하지 않았겠는가? 몸을 사리며 가족만 잘 돌보는 것보다는 나라를 바로 세우고 백성의 삶을 나아지게 하는 일이 자신의 사명이라고 생각했을 뿐이었다.

정도전은 정몽주, 이숭인, 이존오 등과 함께 이색을 스승으로 모셨다. 정도전과 정몽주는 어느 순간까지는 동지였으나 결국은 각자의 길을 간다. 정몽주는 고려 왕조의 유지를 전제로 한 개혁을 생각했으나, 정도전은 고려는 운명을 다했으니 새로운 왕조를 열어야 한다고 생각했다.

정도전은 과거에 합격하여 벼슬길에 올랐으나 공민왕의 총애를 등에 업은 승려 신돈이 정치에 개입하자 벼슬을 던지고 고향으로 갔다. 그는 스물네 살에 아버지와 어머니가 연달아 죽자 3년상을 치렸다. 이때 정몽주가 한 권의 책을 보냈는데, 정도전은 부모 잃은 슬픔도 잊은 채, 이 책에 푹 빠져 하루에 반 장 또는 한 장 이상 꼭 읽었다. 이 책이 바로 《맹자》다.

다음은 《맹자》의 한 부분이다.

사람이면 누구나 남에게 잔학하게 굴지 못하는 마음을 가지고 있게 마련이다. …… 만약 사람이 졸지에 어린아이가 우물에 빠지려고 하는 것을 보게 되면 다들 놀라서 무서워하고 측은해하는 마음을 갖게 된다. 이것은 그 아이를 구해준 인연으로 하여 그 아이의 부모와 친교를 맺으려고 하기 때문에 그러한 것도 아니요, 한동네 사람들과 벗들에게 인명을 구해 주었다는 칭찬을 받으려고 하기 때문에 그러는 것도 아니요, 그렇다고 또 그 아이의 아우성치는 소리가 역겨워서 그러는 것도 아니다. 그것은 다만, 차마 남에게 잔학하게 굴지 못하는 마음의 자연스런 발동의 소치인 것이다.

_ 차주환 역저, 《맹자: 신완역 한글판》, 명문당, 2002.

맹자는 모든 사람이 사단四端을 지니고 있다고 말한다. 사단은 인, 의, 예, 지의 단서를 의미한다. 측은해하는 마음은 인, 부끄러워하는 마음은 의, 사양하는 마음은 예, 잘잘못을 가리는 마음은 지로 발전할 단서다. 사람이면 누구나 갖고 있는 사단을 확충해 나가기만 하면 세상은 인의예지가 넘쳐나는 편안한 세상을 만들 수 있다는 생각이다.

《맹자》의 다음 구절을 보자

> 사람이 배우지 않고서도 절로 해낼 수 있는 능력은 사람의 양능良能이다. 사람이 생각하지 않고서도 절로 알게 되는 능력은 사람의 양지良知인 것이다. 이제 웃을 줄 알고 안아줄 수 있는 정도의 어린아이까지도 모두 자기 어버이를 사랑할 줄 알고, 그런 어린아이가 자라나게 되면 모두 자기 형을 공경할 줄 안다. 이러한 인간의 양지양능에 속하는 것 중에서 어버이를 친애하는 것이 '인'이고, 어른을 공경하는 것이 '의'이다. 인·의에 따르는 이상적인 세계를 이룩하는 데 별다른 방법이 있는 것은 아니다. 바로 이 양지양능에 속하는 친친親親·경장敬長하는 능력을 온 천하에 널리 활용시켜 나가면 되는 것이다.

_차주환 역저, 《맹자: 신완역 한글판》, 명문당, 2002.

양능과 양지는 사람이면 누구나 타고 태어나는 본성이다. 부모를 섬기고 어른을 공경하는 마음은 모든 사람의 양능과 양지다. 이 본성을 이웃에게도 적용시키기만 하면 인의가 바로 서는 세상이 된다는 관점이다. 예컨대, 제 자녀 귀하게 여기듯 남의 집 자녀도 귀하게 대해주자는 말이다. 가족에게 적용하는 신뢰와 사랑을 더 넓은 범위로 확장시키면 서로를 믿고 의지할 수 있는 사회가 된다.

《맹자》에 맹자가 제齊나라의 저자라는 사람과 나누는 대화 장면이 있다.


> **저자**: 우리 왕께서 몰래 사람을 시켜 선생님이 딴 사람과 다른 점이 있는지 살펴보게 했다는데, 과연 선생님은 다른 점이 있습니까?
>
> **맹자**: 나라고 무엇이 보통사람과 다르겠습니까? 성인이셨던 요와 순도 다른 사람과 같았습니다.


유교에서는 요임금과 순임금을 이상적 군주로 생각한다. 맹자는 이런 요임금과 순임금조차 착한 본성을 발휘하도록 노력한 보통사람일 뿐이라고 말한다. 보통사람도 얼마든지 성인의 경지에 오를 수 있다는 믿음이다.

정도전은 원나라의 영향권에 있던 고려 충혜왕 때 태어났다. 어머니 쪽의 혈통 문제가 두고두고 부담이 되었다. 정도전의 외할머니는 승려가 여종과 관계를 맺어 태어났다. 이러한 사실을 문제 삼아 반대파들은 "정도전 가문의 분위기가 바르지 못하고, 혈통이 밝지 못하다"고 하거나 "정도전은 천한 처지에서 몸을 일으켜 높은 벼슬에 올랐다"고 공격했다. 그러한 세상 사람들의 비난도 정도전이 혁명의 길로 나아가는 데 어느 정도 영향을 주었을 것이다.

능력은 있고 포부는 크지만, 사회에서 뜻을 펼 기회가 없다면 선택지는 두 가지로 좁혀진다. 하나는 몸을 한껏 낮추며 시간을 갖고 세상이 바뀌기를 기다리는 것이다. 다른 하나는 세상을 바꾸려고 적극적으로 싸우는 것이다. 정도전은 그중에서 두 번째를 선택했다. 그렇다고 해서 정도전의 발걸음과 사상이 자신의 처지를 바꾸고자 하는 한풀이 차원에서 비롯되었다고 보면 안 된다. 정도전이 시대와 백성이 요구하는 길에 충실하고자 했던 점을 더욱 주목해야 한다. 그래야만 혁명가이자 정치가인 정도전의 진짜 모습을 볼 수 있다.

정도전이 살았던 당시 고려 사회는 왕조의 말기적 모습이 나타나며 피로감을 보이고 있었다. '망국병'에 걸려 사망선고를 받고 인공호흡기에 의존하며 간신히 연명하는 수준이었다. 왜구는 내륙까지 침입해 극성을 부리고, 중국 농민군인 홍건군은 압록강을 건너 수도인 개경(지금의 개성)을 함락시키기도 했다.

그러나 다른 한 편으로는 기회 또한 있었다. 뜨는 해인 명나라나지는 해인 원나라가 고려까지 신경 쓸 겨를이 없었다. 또한 명나라가 중국 대륙에서 원나라를 몰아내는 과정이었기에 고려가 반원자주정책을 펴면서 정치를 개혁할 수도 있었다. 공민왕이 그나마 개혁 등을 통해 고려 왕조의 수명을 연장하려고 노력했으나 왕비가 죽자 처음의 모습과는 많이 달라졌다. 게다가 공민왕이 신하에게 죽임을 당하고, 우왕이 왕위에 오르자 고려의 권력은 몇몇 소수에게 집중되었으며 공민왕이 추진했던 개혁정치는 옛날이야기가 되었다. 이인임, 염흥방, 경복흥, 임견미 등의 권력가들은 토지와 재산을 늘리고 호의호식하는 동안 대다수 농민들은 송곳 하나 꽂을 땅도 없는 신세가 되어 설움과 배고픔에 시달렸다. 그들은 가뭄에 단비를 구하듯 새로운 세상을 눈이 빠지게 기다렸다.

공민왕이 개혁을 추진하는 과정에서 새로운 선비들이 중앙 정치 무대에 진출할 수 있는 기회가 늘었다. 정도전을 비롯한 뜻있고 주변국 변화의 흐름에 밝은 선비들은 새로운 세상을 꿈꿨다. 바야흐로 고려 사회는 혁명의 분위기가 무르익고 있었다.

정도전은 9년간의 귀양과 유랑 생활을 마치고, 함흥에 있는 이성계를 찾아갔다. 이성계는 홍건군과 왜구를 무찌른 공으로 고려 정계에 새롭게 떠오른 별이었다. 정도전은 세상을 뒤엎고 새로운 세상을 만들기 위해서는 무력이 필요함을 절실히 느꼈을 것이다. 정도전과 이성계는 만나자마자 서로의 뜻이 통하고 있음을 알았다. 다만 정도전이 먼저 찾아간 이 날의 정황이나 뒷날 반대 세력의 저항에 흔들려 고향인 함흥으로 돌아가려고 한 이성계를 생각하면, 당시 이성계는 혁명에 적극적이지 않았다. 그런 이성계의 소매를 붙들고 등을 떠밀어 혁명에 앞장세운 사람은 정도전이었다.

조선 왕조를 창업한 다음 정도전은 술자리에서 가끔 "한고조가 자방을 이용한 것이 아니라 자방이 한고조를 이용했다"는 말을 했다. 유방이 세운 한나라 제일의 개국공신이었던 장량(자방은 그의 字다)이 실질적으로 한나라를 세웠다는 말이다. 정도전 자신을 장량에 비유하면서 조선을 실질적으로 세운 사람은 자신이라는 생각을 은연중에 드러냈다. 조선의 건국 과정이나 이후에 나라의 기틀을 잡아나간 점을 볼 때 결코 술주정만은 아니었다. 이성계도 정도전의 공을 높이 샀다. 한양으로 도읍을 옮긴 뒤 경복궁에서 가진 연회에서 정도전에게 '유종공종儒宗功宗'(유학에서도 으뜸이요, 나라를 세운 공도 으뜸이라는 의미)이라는 글을 써서 내렸을 정도다.

정도전은 한 손에는 붓을, 다른 한 손에는 칼을 든 조선 개국의 일등공신으로 500년 왕업의 기틀을 다졌다. 궁궐, 전각, 궁문, 행정구역의 동네 이름을 지었다. 경복궁, 근정전, 사정전, 교태전, 영추문, 건춘문, 신무문, 광화문의 이름은 모두 그의 작품이다. 조선시대 헌

법의 기본 틀이라고 할 수 있는《조선경국전》도 정도전의 작품이다. 《조선경국전》은 성종 때 완성되어 국가 통치의 기본 법전으로 자리 잡은《경국대전》에 영향을 주었다.

정도전이 이상적으로 생각했던 정치구조는 재상중심체제였다. 왕은 세습되는 존재이므로 어리석을 수도 있고 현명할 수도 있으며 강력하거나 약한 사람도 있을 것이다. 즉 능력이나 품성이 한결같지 않다. 그러나 재상은 세상의 많은 선비 중에서 가장 현명하고 능력 있는 사람이 경쟁을 통해 올라와서 맡는 자리다. 그러므로 재상에게 정치를 맡겨야 된다는 생각이었다.

조선 왕조는 왕권과 신권臣權이 경쟁하고 대립하는 사회였다. 어떤 때는 왕권이, 어떤 때는 신권이 강했다. 왕권을 대표하는 이방원은 신권을 대표하는 정도전과 대립했다. 정도전은 맹자의 사상을 이어받아 조선을 세우고 왕조의 기틀을 잡았으나 쉰일곱 살의 나이에 목이 잘렸으며 그의 무덤이 어디 있는지도 모르는 신세가 되었다. 정도전은 조선 왕조 내내 찬밥신세로 지내다가 죽은 지 467년만인 고종 때에야 공식적으로 명예를 회복했다.

정도전 사상의 씨앗이 되었던《맹자》는 맹자와 그의 제자들이 지은 책이다. 원래 일곱 편인데 후한後漢 때 조기라는 사람이 해설서를 쓰면서 각 편을 상, 하로 나누어 현재까지 이르고 있다.《논어》와 마찬가지로 각 편의 글 중에서 앞에 나오는 몇 자를 따서 편의 이름을 붙였다.

《사기》에 의하면, 맹자는 추鄒나라 사람이며 공자의 제자이자 손자인 자사의 제자한테 배웠다고 한다. 맹자는 전쟁을 통한 약육강식이 지배하던 전국시대에 살았다. 진秦나라는 상앙을, 위魏나라와 초楚나라는 오기를, 제齊나라는 손빈을 등용해 부국강병에 힘쓰던 때였다. 맹자는 공자와 마찬가지로 자신의 뜻을 펴기 위해서 여러 나라를 돌아다녔지만 높은 벼슬자리에 올라 정치를 담당하지는 못했다. 왕들은 맹자의 말이 그럴듯하지만 가려운 곳을 화끈하게 긁어주지는 못한다고 생각했다. 오늘도 전쟁, 내일도 전쟁을 일삼던 때에, 백성이 국가나 왕보다 중요하고 인의仁義로 정치를 해야 된다고 말했으니 맘에 들 리가 없었다.

맹자 사상이 최고로 수난을 겪은 때가 있었다. 명나라 태조 주원장은 《맹자》를 읽고 크게 화를 내면서 "이 놈의 늙은이가 지금 살아 있다면 엄한 벌로 다스릴 것이다"고 소리를 질렀다고 한다. 그는 《맹자》에서 위험하다고 생각되는 85개 조를 삭제하여 '누더기 《맹자》'를 만들었다. 삭제한 부분은 과거시험에도 내지 못하게 했다. 백성이 국가나 왕보다 중요하고, 백성을 못살게 구는 왕은 몰아내도 된다는 부분 등이 포함되었다. 어렸을 때는 먹고 살 길이 막막해서 중

노릇을 하다가 황제가 된 주원장이 두려워해 찢은 《맹자》를 정도전은 꿀단지 모시듯 하면서 혁명과 정치 교과서로 삼았다.

정도전과 주원장은 우연의 일치이지만 1398년 같은 해에 죽었다. 주원장은 맹자뿐 아니라 정도전도 두려워했다. 주원장에게 정도전은 경계대상 1호였다. 정도전이 군사훈련을 하고 군량미를 비축하면서 요동정벌을 준비했기 때문이다. 그 당시 요동은 명나라와 원나라의 영향력이 미치지 못해서 힘의 공백상태에 있었다.

맹자 사상의 출발점이자 핵심은 인간은 본래 선하다는 성선설이다. 사람들은 남의 불행을 차마 보지 못하는 마음을 가지고 있다는 것이다. 우물에 빠지려고 하는 어린아이를 보면 누구나 놀라고 두려워하며 안타깝게 생각하는 마음이 있다고 말한다. 또한 맹자의 중심사상 중의 하나가 인의의 실천이다.

《맹자》에서 인간 본성을 말하는 대목에 '추推', '원遠'이라는 단어가 자주 눈에 띈다. 어감의 차이는 있겠지만, 두 단어 모두 '확장' 내지 '확대 적용'의 의미를 담고 있다. 맹자는 모든 사람이 자기의 부모형제를 대할 때 갖고 있는 착한 본성을 이웃이나 사회에 '확장'시키기만 하면 인의가 바로서는 세상을 만들 수 있다고 믿는다.

정도전은 나주 거평 부곡에서 유배생활을 하면서 순박하고 정이 넘치는 백성들을 만났다. 착한 본성을 가진 동네 사람들을 보며 백

성에 대한 한없는 애정과 믿음을 다지는 계기가 되었다. 또한 정도
전은 맹자의 성선설을 적극적으로 받아들였다.

> 사람의 본성은 모두 착하며 부끄러움을 아는 마음을 누구나 가지
> 고 있다. 도둑이 되는 것이 어찌 인간의 본성이겠는가? 일정한 재
> 산이 없는 사람은 일정한 마음을 가질 수가 없다. 춥고 배고프다
> 보니 예의를 돌볼 겨를도 없이 도둑이 된다.
>
> _정도전, 정병철 편저,《삼봉집》, 한국학술정보, 2009.

정도전이나 맹자는 빈부, 귀천, 학식의 차이에 상관없이 모든 사
람은 착한 본성을 타고났다고 본다. 단지 잘못된 환경으로 착한 본
성을 잃을 수 있으므로 환경을 개선하면 본성을 회복할 수 있다고
생각한다. 성선설은 모든 인간에 대한 끝없는 믿음의 철학이다.

맹자는 성선설을 바탕으로 왕도정치를 주장한다. 왕도정치는 인
의가 아니라 무력이나 형벌로 다스리는 패도정치와 비교해서 이해
하면 된다. 맹자는 백성의 고통과 즐거움을 함께하며 그들을 잘 먹
여 살리는 일이 왕도정치의 시작이라고 말한다.

다음은 맹자의 말이다

이 세상에서 일정한 수입을 가져오는 생활 근거가 없으면서도 그릇된 데로 쏠리지 않고 한결같이 변하지 않는 마음을 지니고 산다는 것은 오직 학문과 수양이 잘 되어 있는 선비만이 해낼 수 있는 일이다. 저 일반 백성들로 말할 것 같으면, 일정한 수입을 가져오는 생활 근거가 없으면 그것으로 인해 그릇된 데로 쏠리지 않고 한결같이 변하지 않는 마음이 없어진다[無恒産者無恒心]. 만약 한결같이 변하지 않는 마음이 없어진다면, 방탕한 짓, 편벽한 일, 사악한 짓, 사치스러운 짓 등등 대체로 못하는 짓이 없게 된다. 그들이 그러한 짓을 저질러 죄를 범하게 된 후에 그 죄에 따라 형벌을 가한다면, 그것은 마치 미리 그물을 쳐놓고 백성들을 그 그물로 잡는 것이나 마찬가지이다.

_차주환 역저,《맹자: 신완역 한글판》, 명문당, 2002.

백성은 본래 착한 본성을 갖고 태어났으나 먹는 문제가 해결되지 않으면 그 본성을 잃게 된다. 반면에 선비는 수양과 학습으로 곤궁한 삶에도 변치 않는 마음을 유지할 수 있다. 백성의 착한 본성을 회복하기 위해서는 잘 먹여 살리는 일이 무엇보다 중요하다고 생각했다. 더 나아가 가난하고 궁해서 죄를 짓기 전에 원인을 해결해주라는 의미다. 맹자가 양혜왕과 나눈 대화를 보자.

**양혜왕**: 선생님, 정치에 대해서 한 수 가르쳐주십시오.

**맹자**: (대뜸 본론부터 시작한다) 몽둥이로 죽이는 것과 칼로 죽이는 것이 다를까요?

**양혜왕**: 다르지 않습니다.

**맹자**: 칼로 죽이는 것과 정치를 잘못해서 죽이는 것은 다를까요?

**양혜왕**: 다르지 않습니다.

**맹자**: 왕의 부엌에는 살찐 고기가 그득하고, 마구간에는 살찐 말이 많은데 백성은 굶주려서 얼굴이 누렇게 뜨고 들판에는 굶어 죽은 시체가 나뒹굴면 이것은 짐승이 사람을 잡아먹는 꼴입니다(나라 돈을 임금이 먹는 고기나 말을 먹이는 데에 쓰고 백성을 돌보는 데에 쓰지 않았으니 그 동물이 백성에게 쓰일 돈을 가로챘다는 말로, 결국 짐승이 백성을 죽였다는 논리다). 사람들은 짐승이 저희끼리 잡아먹는 것도 싫어하는데 백성의 부모인 왕이 정치를 하면서 짐승을 몰아다가 사람을 잡아먹게 한다면 어찌 백성의 부모라 할 수 있겠습니까?

맹자의 정치에 대한 입장이 잘 드러난 대목이다. 맹자는 속이 후련하게 말을 잘한다. 이 말을 들은 양혜왕은 인정하듯 고개를 끄덕였거나 아니면 모른 척 딴전을 피웠을 것이다. 맹자는 '굶주린 사람은 찬밥 더운밥 안 가리고, 목마른 사람은 맹물이나 건강음료냐를 따지지 않는다'면서 어지러운 세상을 구하는 일은 어려운 일이 아니라고 말한다. 어려울 때는 조금만 잘해줘도 눈물 흘릴 정도로 고맙게 생각한다는 의미다. 왕도정치를 하기 쉬운 상황인데도 정치하는 사람이 욕을 먹는 상황을 맹자는 이해가 안 된다는 투다. 맹자는 "백성을 등 따뜻하게 해주고, 배불리 먹이고도 왕 노릇을 제대로 못한 사람은 지금까지 없었다"고 결론을 내린다.

이런 맹자는 왕도정치는 뒷전인 채 오로지 혼자 즐기기만 하는 권력자에게는 저항할 수 있다는 역성혁명을 적극적으로 지지한다. 맹자는 백성을 가장 중요하다고 봤다. 다음으로 국가, 그 다음으로 왕이라고 말한다. 이러니 당시나 뒷날의 전제군주들이 그를 좋아했을 리가 있겠는가! 맹자는 제선왕과 나눈 대화에서 역성혁명을 지지하는 입장을 분명히 드러낸다.

**제선왕**: (신하였던) 은나라 탕왕이 걸왕을 내쫓고, (신하였던) 주나라 무왕이 주왕을 토벌하였다고 하는데 그런 일이 있었습니까?

**맹자**: 전하는 기록에 보면 그런 사실이 있었습니다.

**제선왕**: 신하가 그 왕을 죽여도 괜찮습니까?

**맹자**: 인仁을 해치는 사람을 도적이라 하고, 의義를 해치는 사람을

잔인한 사람이라고 합니다. 도적의 심보를 갖고 있으며 잔인한 사람은 '한 명의 보통남자'에 불과합니다. '한 명의 보통남자'인 '주'를 토벌했다는 말은 들었으나 왕을 죽였다는 말은 듣지 못했습니다.

맹자는 인의를 해치는 왕을 잔인한 도적놈 취급한다. 그런 도적놈을 죽이는 일은 정당하다고 보았다. 정당성과 도덕성이 없는 정권은 바꿔도 된다는 '혁명권'은 유럽 사상가들도 주장했지만 맹자는 그들보다 훨씬 전에 주장했다.

정도전은 맹자의 역성혁명 사상이 드러나는 위 구절을, 옳거니 외치며 무릎을 치면서 읽고 또 읽었을 것이다. 어둠을 밝혀주는 등불로 생각하며 썩은 고려 왕조를 뒤집어엎고 새로운 세상을 만들겠다는 확신을 가졌을 듯하다. 포스트잇이나 견출지도 없는 세상이라 책장을 접어두었거나 붉은 먹칠로 중요하다는 표시를 했을지도 모른다. 정도전과 맹자는 백성이 잘사는 사회를 만들기 위해서 한평생을 보낸 사람이다. 두 사람은 민심에서 천심을 읽고 시대를 뜨겁게 살았다는 점에서 닮은꼴 사나이였다.

정도전과 맹자는 사람에 대한 믿음이 철저했다. 모든 사람은 본성이 착하지만 지배 계급이 정치를 잘못한 결과 백성의 본성이 변했다고 본다. 맹자는 백성은 안중에도 없는 권력자 또한 당연히 개선의 여지가 있다고 보았다. 단지 권력자들이 착한 본성을 찾으려고 하지 않는 것일 뿐이지 노력만 한다면 그 본성을 찾을 수 있다고 생각했다.

두 사람은 민심을 천심으로 여기며 백성의 마음을 읽고 부족한 점을 채워주려고 했다. 백성을 잘 먹여 살리는 일을 무엇보다 중요시했다. 도적이라도 먹는 문제를 해결해주면 원래의 착한 본성을 회복할 수 있다고 보았다. 결과만 보지 않고 결과에 이르게 된 과정과 원인에 주목했다. 또한 백성이 착한 본성을 잃은 뒤에야 그들을 욕하거나 처벌하거나 그들의 먹는 문제를 해결해준다고 호들갑 떨지 말라고 주장했다. 백성이 착한 본성을 잃기 전에 적극적으로 백성의 상황과 마음을 먼저 읽고 대응하는 것을 중요시했다.

우리는 요즘, 사람에 대한 믿음을 너무 쉽게 포기한다. 한 번만 실수를 하거나 잘못하면 여지없이 문제아로 낙인을 찍는다. 변명할 기회조차 없고 개선의 여지가 없다고 치부한다. 당연히 나쁜 결과에 이르게 된 과정이나 원인을 깊이 헤아리지도 않는다. 그저 결과에만 집착한다. 하늘 아래의 만물 가운데 사람이 가장 소중하고 중심인 세상에서 사람을 불신하는 가족, 집단, 기업 및 국가에는 희망이 없다. 박노해 시인은 "사람만이 희망이다"고 노래했다.

양심에 따라 사는 것보다
더 위대한 삶은 없다

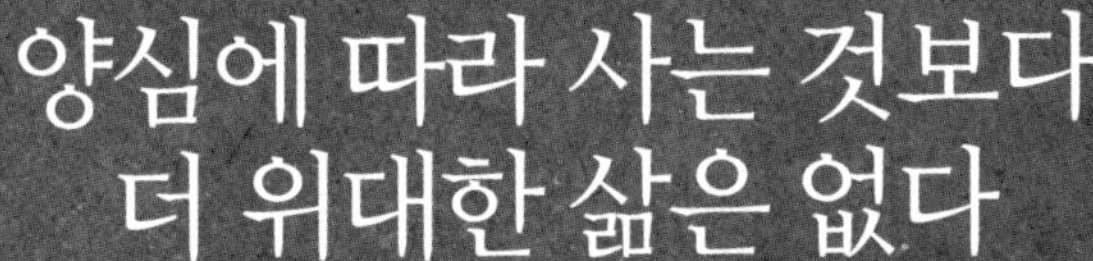

———

1880년 영국 식민지 인도의 한 교실에서 열한 살 소년이 영어 시험을 보고 있다. 소년은 문제의 답을 적으면서 주전자를 뜻하는 '케틀kettle'의 철자를 잘못 썼다. 선생님은 옆자리에 앉은 친구 답을 보고 바꿔 쓰라고 했지만 소년은 따르지 않았다. 나중에 선생님은 소년 때문에 학급 성적이 나빠졌다고 야단쳤다. 그러나 소년은 옳은 일을 했다고 확신했다.

1893년 어느 날 영국 식민지 남아프리카 더반에서 프리토리아로 가는 열차의 일등칸 안에서, 체격이 큰 백인이 키가 작고 왜소한 체구의 유색인에게 욕을 하면서 화물칸으로 가라고 삿대질하고 있었다. 유색인은 '나는 일등칸 요금을 내고 정당하게 탔는데 왜 내쫓느냐'며 항의를 했다. 백인은 차장을 불러 화물칸으로 보내라고 했지만 유색인은 전혀 자리를 뜰 기미가 없었다. 유색인은 왜 자기가 인간이 아닌 짐짝 취급을 받아야 하는지 납득할 수 없었다. 결국 경찰까지 와서 그를 화물칸으로 내몰았다. 그러자 유색인은 자신은 화물이 아니라며 도중에 내렸다. 그리고 처음 와본 역의 춥고 어두운 대합실에서 하룻밤을 보냈다.

두 일화의 주인공은 인도 독립의 아버지, 작은 거인 모한다스 간디(1869~1948)다. 열한 살 때 일을 가지고 그가 어렸을 때부터 뭔가 특별한 점이 있었다고 호들갑을 떨 필요는 없다. 하지만 간디의 단면을 엿볼 수 있는 대목이다. 1913년 동양인 최초로 노벨문학상을 받은 인도의 시인이자 사상가인 타고르는 간디에게 '위대한 영혼'이라는 의미의 '마하트마Mahatma'라는 칭호를 붙였다.

간디는 영국에 유학해 변호사 자격을 얻고 꿈에 부풀어 귀국했지만 풋내기 변호사에게 돌아오는 일거리는 생각만큼 많지 않았다. 인도에서는 실패한 변호사였던 간디는, 1893년 의뢰받은 소송사건을 해결하기 위해 인도인이 많이 이주한 남아프리카로 갔다. 당시 남아프리카는 인도처럼 영국의 식민지로, 영국 시민의 자격으로 노동자 생활을 하는 인도인들이 많았다.

하지만 동양인이며 식민지 국민을 인간이 아닌 짐짝 취급을 하는 남아프리카였다. 차갑고 어두운 대합실에서 스물네 살의 간디는 깊은 고민에 빠졌다. '인도로 돌아가느냐, 남아프리카에 남느냐.' 이윽고 간디는 그곳에서 인종차별을 반대하는 투쟁을 해야겠다는 결심을 했다. 이후 인종차별 반대투쟁 단체를 조직해 인도인 선거권 획득과 인두세(성별, 신분, 소득 등과 관계없이 일정 연령 이상의 주민에게 똑같은 금액으로 부과되는 세금) 폐지 운동을 하면서 정치 운동가로 변신한다.

남아프리카에서 활동하던 시절 간디는 헨리 D. 소로우(1817~62)가 쓴《시민의 불복종Civil Disobedience》(1849)을 읽고 크게 감동을 받았다. 간디는 "나는 소로우에게서 한 분의 스승을 발견했으며《시민의 불복종》으로부터 내가 추진하는 운동의 이름을 땄다"고 말했다. 또한 그는 인도 독립이라는 대의를 따라 자신을 돕는 모든 친구들에게 소로우를 공부하도록 권했다. 소로우의 사상이 인도에서 간디의 독립운동에 큰 영향을 주었다는 데는 의심의 여지가 없다.

소로우는《시민의 불복종》에서 사람다운 사람, 등뼈가 있어 남의 손에 놀아나지 않는 사람을 간절히 원한다. 양심을 가진 사람이 없다며 가슴을 친다. 인구가 많은 것으로 되어 있는 미국의 인구 통계가 잘못 되었다고도 말한다. 자신이 보기에는 몇 천 평방마일(1평방마일은 약 780,000평) 안에 평균 한 명도 살고 있지 않다고 말한다. 아메리카 대륙이 살 만한 매력이 없어서 이러냐면서 사람다운 사람이 없음을 한스러워한다. 또한《시민의 불복종》은《논어》의 "나라에 정의가 있는데도 가난하고 천하다면 부끄러운 일이요, 나라에 정의가 없는데도 재산이 많고 귀하면 부끄러운 일이다"는 말도 인용한다. 정의가 바로 선 국가에서 개인의 곤궁한 삶은 자신의 성실성, 능력의 부족에서 비롯된 경우가 많다. 불의가 판치는 나라에서 잘 사는 사람은 양심은 뒷전인 채 자신만의 안전과 부귀를 탐한 결과다.

《시민의 불복종》은 법에 대한 존경심보다는 정의에 대한 존경심을 먼저 기르라고 말한다. 모든 법을 지킬 필요가 없다는 의미는 아니다. 공동체의 행복, 개인의 자유를 위협하는 법이라면 지키지 않는 불복종을 통해 그 법을 개혁하자는 입장이다. 법을 준수하는 국가 구성원으로서 한 명의 국민보다 양심과 정의를 추구하는 한 인간의 입장을 더 중요하게 생각하여, '국민'이기 이전에 '인간'이 되어야 한다고 주장한다.

《시민의 불복종》에는 "사람 한 명이라도 부당하게 가두는 정부에서 정의로운 사람이 진정 있을 곳은 역시 감옥이다. …… 주 정부가 자기에게 동조하지 않고 반대하는 사람들을 가두는 곳, 노예의 나라에서 자유인이 명예롭게 살 수 있는 유일한 집이 감옥이다"는 말이 나온다. 불의의 정부를 따르니 차라리 정의를 좇는 행동을 하다 감옥에 들어가는 것이 더 명예롭다고 생각했다.

인도 독립의 아버지 간디에게 영향을 준《시민의 불복종》의 원래 제목은《시민정부에 대한 저항 Resistance to Civil Government》이었다. 소로우가 죽은 뒤 1866년에 그의 다른 글과 묶어 출간하면서 제목이《시민의 불복종》으로 바뀌었다. 사실 책의 내용으로 보면 원래 제목인《시민정부에 대한 저항》이 훨씬 잘 어울린다. 이 책은 그다지 빛을 보지 못하다가 19세기 말 러시아의 톨스토이에게 영향을 주었으며 간디에게서 꽃을 피웠다. 간디 이후에도 영국의 노동 운동가들, 나치 점령 시절의 레지스탕스 대원들, 마틴 루터 킹 목사 같은 인권 운동가뿐 아니라 불의에 저항하는 많은 사람에게 영향을 주었다.

《시민의 불복종》은 정부는 개인의 권리를 존중하는 한에서만, 의미 있는 조직이라고 주장한다. 다수의 힘으로 소수를 무시하거나 밀어붙이는 일도 올바르지 않다고 본다. 양심과 정의에 비추어 봤을 때 옳다면 소수라고 하더라도 그들의 주장을 받아들여야 한다는 입장이다. 또한 엄청난 규모의 군대와 경찰 조직, 행정 조직을 통해 시민의 영역을 간섭하고 통제하는 정부는 바람직하지 않다고 이야기한다. 그래서 가장 적게 다스리는 정부가 가장 좋은 정부다. 그렇다고 당장 정부를 없애자고 말하지는 않는다. 단지 지금보다 나은 정부를 원할 뿐이다. 그러면서도 미래에 '가장 좋은 정부는 전혀 다스리지 않는 정부'라는 믿음은 간직한다.

소로우는 멕시코 전쟁을 예로 들면서, 다수 국민의 뜻을 펴기 위해 생긴 정부가 어느 순간 소수의 이익을 대변하는 조직으로 바뀌었다고 말한다. 멕시코 전쟁은 미국 국민 다수가 원해서 시작한 것이 아니라, 목화를 재배할 땅을 넓히고자 하는 농장주들의 이익을 위해 시작한 전쟁이었다. 소수의 사람들이 정부를 자신의 도구로 사용한 결과다. 이런 정부의 권위는 순수하지 못하다. 정부는 국민의 허락과 동의를 받아야 한다. 정부는 국민이 허용하지 않는다면 국민의 신체나 재산에 대한 권리를 가질 수 없다. 전제군주제에서 입헌군주제, 민주주의로의 변화는 개인을 진정으로 존중하는 방향에서 진보인 것이다.

간디는 인도 민중의 피와 땀을 쥐어짜서 배를 불리는 영국 제국주의에서 '가장 나쁜 정부'를 보았을 것이다. 인도에는 고대부터 촌락 공동체를 중심으로 이루어지는 자치를 중요하게 생각하는 전통이 있었다. 간디 스스로도 농장을 운영하며 자급자족의 공동체 생활을 했다. 간디가 이상적으로 생각했던 독립 인도의 모습은 촌락 자치 공동체를 광범위하게 연결하는 형태였다. 간디는 모든 개인이 자신의 정신적·도덕적 모습을 자유롭게 발전시키는 폭력이 없는 사회를 희망했다. 그런 사회는 작은 자치 공동체들로 구성되는 지방

분권화된 사회에서만 가능하다. 물론 그의 이런 생각은 독립 직전의 종교 파벌 사이의 갈등과 갑작스런 죽음으로 구체화되지는 못했다. 간디도 소로우와 마찬가지로 당장에는 작은 정부를, 궁극적으로는 국가가 없는 사회를 이상적으로 보았다. 폭력적 수단을 동원해야만 다스릴 수 있는 규모가 큰 국가 조직을 원하지 않았다.

국민이 허용해준 최소한의 범위 안에서만 개인의 영역을 간섭하는 정부가 이상적이지만, 현실에서는 양심이 없는 불의의 정부가 많다. 이때 시민은 어떻게 대처할 것인가?《시민의 불복종》은 시민의 저항권을 주장한다. 소로우가 살았던 당시에 발생했던 멕시코 전쟁과 미국 독립 이후 계속 유지된 노예제도는 즉시 중지되어야 하며 그러지 않는 한 정부를 인정할 수 없다는 입장이다. 저항권은 소로우가 처음 주장한 것은 아니다. 맹자, 존 로크도 주장했으며 미국 독립선언문에도 반영되어 있다.

저항권을 드러내는 방식으로 소로우는 분명하게 불복종을 주장한다. 정의롭지 못한 정부에 복종하는 것보다는 차라리 불복종의 처벌을 받는 것이 모든 면에서 잃는 것이 적다고 말한다. 나쁜 정부에 복종할 경우 자신의 가치가 떨어짐을 느끼게 될 것이라고도 말한다. 소수가 무력한 것은 다수에게 다소곳이 따를 때다. 비록 소수일지라도 온 힘을 다해 막을 때 거역할 수 없는 힘을 갖게 된다.

《시민의 불복종》은 나쁜 정부에는 세금을 내지 말자고 주장한다. 소로우는 이것을 '평화적 혁명'이라고 불렀으며 세금을 내지 않는 일이 나쁜 정부보다 덜 폭력적이라고 말한다. 나쁜 정부는 폭력을 휘두르고 선량한 사람들의 피를 흘리게 하는 데 세금을 쓸 것이기 때문이다. 더불어 한 개인이 저항한다고 해서 국가의 정의가 바로 설 수 있는지를 따진다. 누군가가 정부에 저항하는 것은 다른 사람들에게 호소하여 변화를 이끌어낼 수 있으므로 효과를 거둘 수 있다고 말한다.

다음은《시민의 불복종》의 한 부분이다.

우리는 입버릇처럼 말하기를 대중은 아직도 멀었다고 한다. 그러나 발전이 느린 진짜 이유는 그 소수마저도 다수의 대중보다 본질적으로 더 현명하거나 더 훌륭하지 않기 때문이다. 많은 사람들이 당신처럼 선하게 되는 것이 중요한 일은 아니다. 그보다는 단 몇 사람만이라도 '절대적으로 선한 사람'이 어디엔가 있는 것이 더 중요한 일이다. 왜냐하면 그 사람들이 전체를 발효시킬 효모이기 때문이다.

_헨리 D. 소로우, 강승영 옮김,《시민의 불복종》, 은행나무, 2011.

양심적인 몇 사람의 용기 있는 행동은 다른 사람의 의식과 행동에 영향을 주고 세상을 바꾸는 밀알이 될 수 있다.

소로우는 "어떤 개인이나 국가와 다툴 생각은 없다. 사소한 일을 꼬치꼬치 따지거나 내가 이웃보다 잘난 체하면서 내세우고 싶은 생각도 없다. 오히려 나는 이 나라의 법에 순종할 구실을 찾고 있다고 말하고 싶다. 언제라도 기꺼이 그 법을 따를 마음가짐이 되어 있다. 스스로를 의심할 정도로 말이다. 해마다 세금 징수원이 찾아올 무렵이면 그에게 순응할 구실을 찾기 위해 정부가 취한 각종 조치와 그들이 처한 입장, 그리고 국민의 기본정신을 살펴본다"고도 말한다. 자신은 타고난 싸움닭이 아니며 반대를 위한 반대를 하고 있지 않다는 의미다. 양심에 비추었을 때, 정의롭지 못한 정부에는 협조할 수 없다는 점을 분명히 주장할 뿐이다.

간디도 정의롭지 못한 정부에 저항해야 한다고 주장했다. 간디가 농장주에게 착취를 당하고 있는 농촌 지역 사정을 조사하려고 하자 판사는 그 지역을 떠나라고 명령하지만 간디는 따르지 않았다.

체포된 그는 명령에 불복하는 이유를 다음과 같이 설명했다.

법을 준수하는 시민으로서 나는 우선 나에게 내려진 명령에 복종해야 된다고 생각했습니다. 그러나 그렇게 하면 내가 찾아온 이 지역 사람들에 대한 나의 의무감에 상처를 입게 됩니다. 나는 지금은 그들과 함께 있어야만 그들에게 봉사할 수 있다고 생각합니다. 내가 나에게 내려진 명령을 무시한 것은 법적 권위를 존중하지 않아서가 아닙니다. 우리 존재의 더 높은 법, 즉 양심의 소리를 따르려다 그렇게 된 것입니다.

_요게시 차다, 정영목 옮김,《마하트마 간디》, 한길사, 2001.

보석금을 내면 풀어주겠다는 제안도 뿌리쳤다. 결국 간디는 판사로부터 항복 선언을 받았다. 조건 없이 석방하고 공무원도 농민의 사정을 알아보는 간디를 도와준다는 말을 듣게 되었다.

소로우 못지않게 간디도 '행동하는 양심'이었다. 소로우는 멕시코 전쟁과 노예제도를, 간디는 영국의 식민지 지배를 반대함이 달랐을 뿐이다. 간디는 "논문 발표만으로는 결코 우리가 자치를 획득하지 못할 것이다. 제 아무리 말을 많이 한다고 하여도 우리로 하여금 자치를 얻을 자격을 갖추게 하지는 못할 것이다. 자치를 얻을 자격을 갖추게 하는 것은 오직 우리의 행동뿐이다"고 말하면서 행동 아니면 죽음뿐이라는 입장을 굳게 지켰다. 간디는 남아프리카에서 249일, 인도에서 2,089일을 감옥에서 보냈다.

판사 앞에서도 자신을 최고 벌로 다스려 달라고 '부탁'하고 웃으면서 감옥으로 들어갔던 간디는 인도 독립을 위해 한평생을 살았다. 간디에게 감옥은 인도인의 독립 의지를 불사르고자 했던 또 하나의 투쟁 공간이었다. 양심에 따라 행동하여 감옥에 들어가는 자신의 모습을 통해 인도 민중을 깨우치고자 했다. 간디와 비교도 안 되는 단 하룻밤이지만, 소로우도 인두세 납부를 거부하다 체포되어 감옥 경험을 했다. 사실 소로우 자신이 부탁을 하거나 양심을 팔아 감옥에서 빨리 나온 것은 아니다. 누군가 그가 납부 거부한 인두세를 대신 내줘서 풀려났다. 소로우는 세금을 대신 납부한 사람에게 미안하다거나 고맙다고 말하지 않는다. 세금을 대신 납부한 행동을 오히려 꾸짖는다.

간디는 민중 속으로 직접 걸어 들어가 그들과 고통을 함께 나누며 문제를 해결하는 사람이었다. 간디에게 민주주의자는 가장 고통받는 사람들과 함께하며, 그들보다 편한 생활을 하지 않기 위해 의식적으로 노력하는 사람이다. 영국 식민지 지배로 고통을 겪는 민중들의 삶을 보면서 간디는 어쩔 수 없이 정치 운동가로 나선 측면이 있다. 그의 삶을 보면, 권력이나 재산에는 미련을 두지 않았다. 식민지나 다른 정의롭지 않은 상황이 아니었다면 간디는 종교를 가진 사람으로서 양심을 지키며 평범한 삶을 살지 않았을까 한다.

간디는 타고르의 표현을 빌리자면, "그들이 그대의 부름에 답하지 않거든, 혼자 걸어가라, 혼자 걸어가라”는 식의 삶을 살았다. 그는 양심에 따라 비폭력과 불복종의 신념을 지키면서 죽는 순간까지 힌두교와 이슬람교의 화해와 단합을 외쳤다. 간디 전기를 썼으며 노벨 문학상을 받은 프랑스의 로맹 롤랑이 말했듯이 간디는 또 한 명의 예수 그리스도였다.

우리는 패배주의에 젖어 한 사람의 양심 있는 행동을 과소평가한다. ‘혼자 힘으로 되겠어’라고 생각하거나 ‘모난 돌이 정 맞는다’며 애써 잘못된 현실에 눈을 감거나 회피한다. 반면에 회사나 군대 안의 비리를 폭로하기 위해 양심선언을 하는 사람들을 제법 자주 볼 수 있다. 일종의 내부자 고발이다. 자신이 받을 피해와 불이익을 감수하면서까지 다른 사람의 피해를 막고 정의를 세우기 위한 행동이다. 자기가 속한 집단(혹은 조직)의 문제를 고발하려면 쉽지 않은 고민과 결단이 필요하다. 이러한 양심선언은 조직 전체를 바꾸는 계기를 제공한다. 그 무엇이기 이전에 인간이기를 원하는 한 사람의 양심은 ‘전체를 발효시킬 효모’가 될 수 있다.

리얼리스트의 희망만이
현실이 된다

1951년 3월, 스물세 살의 아르헨티나 의학도가 친구와 함께 세계 최대의 구리 생산지로 유명한 칠레의 추키카마타 광산에 들렀다. 광산은 미국 자본이 점령했으며 광산이 있는 지역의 물가는 비싸고 생필품은 부족하며 기후 조건은 나빴다. 광산의 현장 주임은 구리를 채굴하는 과정을 의학도에게 친절하게 설명해주었다. 설명을 듣던 의학도가 난데없이 광산에서 얼마나 많은 생명이 희생되었는지 물었다. 현장 주임은 "많은 사람들이 우리에게 기술적 문제들에 대해서는 묻지만 그사이 얼마나 많은 생명이 희생됐는지는 거의 묻지 않아요. 의사 선생님들, 나도 몰라서 말해주지는 못하지만 아무튼

그걸 물어줘서 고맙소"라고 말했다. 의학도는 다른 사람에게 묻고서야 궁금증을 풀 수 있었다. 광산 지역 묘지에는 사고나 병 등으로 죽은 1만 명이 넘는 노동자의 지친 육신이 잠들어 있었다. 하루치 빵 살 돈을 벌기 위해 나섰다가 자연과 인간이 파놓은 함정에 빠져 비참하게 죽어간 사람들이었다. 의학도는 광산 관리자에게 죽은 노동자 유족에게 보상금이 얼마나 지급되었냐고 물었다. 하지만 관리자는 난처하다는 표정만 지을 뿐 답을 말하지 않았다.

이야기 속의 의학도는 뒷날 '영원한 혁명가'로 불리는 아르헨티나 출신의 체 게바라(1928~67)다. 체는 스물세 살이던 1951년 12월부터 9개월 동안 중고 오토바이를 타고 라틴아메리카 대륙 여행을 했다. 오토바이 여행이라고는 했지만 고물 오토바이는 여행 초에 이미 움직일 수 없게 되었다. 할 수 없이 주로 남의 차에 끼어 타거나 걸어서 여행을 계속했다. 최소한의 비상금만 챙기고 무작정 떠난 일종의 무전여행이었다.

《모터사이클 다이어리》는 이때의 여행 경험을 적은 글인데, 같은 제목의 영화로 만들어지기도 했다. 체는 "아르헨티나 땅에 발을 디뎠던 그 순간, 이 글을 쓴 사람은 사라지고 없는 셈이다. 이 글을 다시 구성하며 다듬는 나는 이제는 예전의 내가 아니다. 우리의 위대한 아메리카 대륙을 방랑하는 동안 나는 생각보다 더 많이 변했다"

고 여행 소감을 말했다. 여행에서 돌아와 다른 지역으로 떠날 때 그는 어머니에게 "저는 라틴아메리카의 병사가 될 거예요"라고 말했다. 체는 칠레, 페루, 베네수엘라, 볼리비아, 과테말라 등을 돌아다니면서 아름답지만 고통이 넘치는 땅에 살고 있는 라틴아메리카 민중의 삶과 현실을 보았던 것이다. 이때의 여행 경험은 그가 혁명가로 성장하는 데 가장 큰 계기가 되었다.

체가 여행할 무렵 라틴아메리카 국가 곳곳에서는 혁명 운동가들이 독재정권에 저항하며 투쟁하고 있었다. 그 당시 자본주의 진영의 최강국이자 세계 경찰 노릇을 하던 미국은 라틴아메리카를 자신의 앞마당으로 생각했다. 미국은 라틴아메리카에서 자신의 하수인 노릇을 하는 정권에 저항하는 운동은 무조건 공산주의 운동으로 간주하여 탄압하도록 사주했다. 이 과정에서 필요하다면 비록 독재정권이라도 음으로 양으로 도왔다.

체는 여러 나라를 여행하면서 부패한 정권에 맞서 싸우는 사람들을 만나게 된다. 민중의 고통스런 삶을 보고, 투쟁의 현장도 경험하고 혁명가들과 이야기하면서 혁명의식이 싹텄다. 이를 통해 노동자 계급을 위한 이상적인 길은 공산주의뿐이라고 확신했다. 그 무렵 멕시코에는 여러 나라의 정치 망명객이 들어와 있었다. 그곳에서 체는 삶을 좌우할 한 사람과 운명적으로 만난다. 바로 쿠바의 망명객 피델 카스트로다. 두 사람은 만나자마자 뜻이 통했고 동지가 되었다. 그들은 소수의 혁명가들이 무력으로 독재정권을 넘어뜨리고 새로운 사회를 만들어야 한다고 공감했다. 체는 부모님에게 쓴 편지에서 "제 미래는 이제 쿠바 혁명에 달려 있습니다. 저는 쿠바 혁명과 함께 승리하든지 아니면 혁명을 시도하다가 죽을 것입니다"라며 혁명가로 살겠다는 결심을 내보였다.

영원한 혁명가 체의 삶에 마르크스(1818~83)의 《자본론Das Kapital》이 함께했다. 사회 변혁을 주도하는 사상가나 혁명가는 부당한 현실에 대한 분노에서 출발한다. 체는 미국 자본과 독재정권에 신음하던 라틴아메리카 대륙의 민중이 처한 현실에 분노했으며, 마르크스는 19세기 중반 자본주의의 병폐와 모순에 분노했다. 그러나 사회 현실에 대한 분노는 혁명의 출발점이지만 혁명을 가능하게 하는 전가의 보도는 아니다. 사회 모순을 해결하려는 혁명은 분노를 승화시켜야 하고 길잡이 역할을 할 과학으로서의 사상이 필요하다. 체는 《자본론》을 통해 혁명의 당위성 및 새로운 사회에 대한 전망과 확신을 가졌다. 《자본론》에서 마르크스는 19세기 중·후반 영국 노동자들의 실상을 다음과 같이 적고 있다.

성냥 제조업은 1845년 이후 잉글랜드에서 급속하게 발전하여 런

던의 인구 과밀 지역에서, 특히 맨체스터·버밍엄·리버풀·브리스톨·노위치·뉴캐슬·글래스고 등지로 퍼져나갔는데 이와 더불어 이미 1845년 빈Wien의 한 의사가 발견한 성냥 제조공에게 특유한 질병인 '입 경련증'도 퍼져나갔다. 이 산업의 노동자 절반은 13세 미만의 어린이와 18세 미만의 청소년들이었다. 이 산업은 비위생적이고 불쾌감을 주는 작업 환경 때문에 평판이 나빠서 이곳에 취업하는 아이들은 누더기 옷에 굶주리고 돌보아줄 사람 없이 교육도 받지 못한 아이들로 노동자 계급 중에서도 가장 영락한 계층과 굶주려 죽기 직전의 과부 집안 출신들뿐이었다. 1863년 화이트 위원이 심문한 증인 가운데 270명은 18세 미만이었고 40명은 10세 미만이었으며 10명은 겨우 8세, 그리고 5명은 겨우 6세였다. 12시간에서 14~15시간으로 늘어난 노동일의 변경, 야간 노동, 인독燐毒으로 가득 찬 작업실, 그 속에서 먹는 불규칙한 식사. 만일 단테가 이러한 공장들을 보았더라면, 그가 상상한 참혹하기 짝이 없는 지옥의 모습도 여기에는 미치지 못한다고 생각했을 것이다.

_카를 마르크스, 강신준 옮김,《자본 I-1》, 길, 2008.


**18세기 후반 영국에서는 공장제 기계 공업으로 생산력이 이전과**

비교할 수 없을 정도로 늘어났다. 마르크스가《자본론》을 썼던 19세기 중·후반에, 영국은 자본주의 사회의 선두주자로 '세계의 공장'이라 불렸다. 영국에서는 대규모 공장제 기계 공업이 발달하고, 새로운 공업도시가 생겨났으며, 자본가들의 힘이 날로 커졌다. 하지만 노동자들은 살인적 노동에 내몰렸다. 어린이와 여성들조차 낮은 임금을 받고 하루 열네 시간 이상 일했다. 하루 여덟 시간 노동을 법률로 보장한 것은 제1차 세계대전 이후부터다. 19세기 영국 자본주의의 추악한 모습이 마르크스 앞에 적나라하게 펼쳐지고 있었다.

마르크스는 런던에 살면서 직접 또는 자료를 통해서 자본주의 사회의 전형적인 현실을 관찰할 수 있었다. 당연히《자본론》의 분석 대상도 주로 영국의 자본주의 사회다.《자본론》서문에는 이런 구절이 있다.

자연 과정을 연구하는 물리학자는 그것이 가장 전형적인 형태와 가장 덜 교란된 형태를 유지하고 있는 상태에서 그것을 관찰하며 또한 그것이 순수한 형태로 진행될 수 있도록 보장된 조건에서 그것에 대한 실험을 실시한다. 내가 이 책에서 연구해야 하는 대상은 자본주의적 생산양식과 그 양식에 상응하는 생산관계 그리고 교환관계이다. 그것들이 전형적으로 나타난 장소는 지금까지는 영국이다. 이것이 바로 나의 이론적 논의에서 주로 영국의 사례들이 사용되는 이유이다. 그러나 독일의 독자들이 영국의 산업노동자와 농업노동자들의 상태에 대해 바리새인처럼 경멸을 보내거나 독일에서는 사태가 그렇게 악화되어 있지 않다고 낙관적으로 안심한다면, 나는 그들에게 이렇게 말해주어야만 한다. "바로 당신 자신에 관한 이야기요!"

_카를 마르크스, 강신준 옮김, 《자본 1-1》, 길, 2008.

《자본론》의 연구 대상은 자본주의 사회이며, 그중에서도 특히 가장 전형적인 형태로 발전하고 있던 영국 자본주의를 주요 대상으로 삼았다. 마르크스는 영국 자본주의의 뒤를 걷고 있던 독일, 프랑스 또한 자본주의적 생산 법칙이 관철될 수밖에 없다고 주장했다. 즉 영국이 가는 길은 미래에 독일과 프랑스가 도달하게 될 모습이었다. 《자본론》은 자본주의의 생성, 발전, 소멸의 과정을 밝히고자 했다. 자본주의가 인간이 도달할 수 있는 최종적인 사회가 아니라는 것이다. 마르크스 사상의 핵심은 모든 현상이나 사회는 변화한다는 점이다. 《자본론》의 연구 대상은 당연히 자본주의 사회이지만, 자본주의도 역사 발전의 한 과정에 불과하다는 사실을 증명하고자 했다. 이 과정에서 자본주의 사회 안에 새로운 사회, 즉 공산주의 사회의 씨앗이 자라고 있는 모습을 보여준다.

체는 오늘날까지 불의에 저항하는 사람들에게 혁명의 아이콘이 되었다. 제멋대로 기른 턱수염과 강렬한 눈빛에 별이 새겨진 베레모를 쓴 모습은 게릴라 사령관의 전형이다. 세계 곳곳에서 저항 운동을 펼칠 때면, 그의 사진을 들거나 사진이 새겨진 두건을 두르거나 얼굴이 그려진 티셔츠를 입는다. '무릎 꿇고 살기보다 차라리 서서 죽음을 택하겠다'고 말했다는 체는 아르헨티나 의사 출신이다. 열정과 저항, 혁명의 상징인 체지만 그의 어린 시절에서 혁명가의 모습이 보이지는 않는다. 어릴 때부터 죽을 때까지 천식으로 고생했던 그는 젊은 시절 신체를 단련하는 일에 관심이 많았다. 천식을 달고 살면서도 학교 다닐 때 격한 운동인 럭비를 즐기기도 했다. 정치에는 그다지 관심이 없었으나 여행과 모험을 좋아하는 청년이었다. 어떤 사람들은 젊을 때 체의 어떤 일을 들어 타고난 혁명가로 연결시키려 하지만 부질없는 일이다. 혁명가에게 결단력, 성실성, 인간애 등의 기질이나 성격은 필요하지만 그것만이 전부는 아니며 그것 또한 서서히 만들어지는 법이다. 물론 하루아침에 혁명가가 되었다고 말할 수 있을 정도로 의식의 갑작스런 변화를 일으키는 사건이나 계기가 있을 수도 있다. 예컨대, 혁명 운동에 몸담은 자식을 둔 어머니가 그럴 수 있다. 자식이 권력으로부터 부당한 대우를 받거나 부상을 당하거나 또는 극적으로 죽음을 맞이하는 때 어머니는 갑자기 혁명가가 되기도 한다. 그러나 사실 이런 경우에도 자세히 들여다보면, 처음에는 자식의 모든 것을 보듬는 어머니로 시작해 점차, 사회의 모순을 깨닫고 자식이나 다른 혁명가들과 함께 투쟁하면서 진짜 혁명가로 변모한다. 사람은 의식이 변화되는 사건을 경험하고, 이론적 무장을 통해 미래의 전망을 가지면서 서서히 진정한 혁명가가 된다. 혁명가는 투쟁을 통해 단련되고 만들어진다.

체의 혁명 운동 무대였던 쿠바는 세계 최강의 야구 실력, 사탕수수, 헤밍웨이의 노벨문학상 수상작《노인과 바다》의 실제 배경으로 잘 알려져 있다. 15세기부터 스페인의 식민지였던 쿠바는 19세기까지 지속적인 독립투쟁을 벌였으나 그때마다 스페인에게 잔인하게 진압되었다. 그러나 1898년에 벌어진 미국과 스페인 간의 전쟁에서 미국이 승리함으로써 쿠바에서는 미국의 군정이 실시되었다. 3년 동안의 군정을 거쳐 1902년에 독립했지만, 단지 주인이 스페인에서 미국으로 바뀐 것에 불과한 허울뿐인 독립이었다.

1950년대 쿠바에서는 미국과 군부의 지지를 등에 업은 바티스타가 쿠데타를 일으켜 정권을 잡았다. 나라가 그의 손에 놀아나는 동안 빈부격차는 심해지고, 쿠바 경제의 근간인 설탕 농장은 대부분 미국 자본에 넘어갔다. 엄청난 국내 자금을 해외로 빼돌리기도 했던

그는 대부분의 독재 권력이 그러했듯 정권에 저항하는 세력은 폭력
으로 짓밟았다. 부패와 무능이 만연한 시기였다.

독립한 지 얼마 안 된 나라에서 정치군인이 판치는 현상은 흔한
일이다. 이런 나라들은 대부분 민중이나 정치적 집단의 의식 및 역
량이 아직 약해서 무력을 가진 군인이 권력의 유혹에 빠지기 쉽다.
한국도 예외는 아니었다. 1945년 해방 후 얼마 지나지 않은 1961년
에 박정희가 군사 쿠데타를 일으켜 오랜 동안 정권을 잡았다. 정치
군인 출신 전두환, 노태우도 그 뒤를 따랐다.

1956년 11월, 체와 카스트로를 포함한 82명의 전사들은 멕시코
에서 배를 타고 쿠바 상륙을 시도했다. 그러나 쿠바에 상륙한 전사
들은 쿠바 정부군의 공격을 받았으며, 결국 죽거나 도망치거나 생포
된 사람들을 빼고 10여 명만이 살아남았다. 생존한 전사들은 산악
지대에 근거지를 마련하여 게릴라 투쟁을 계속했다. 또한 새로운 병
력을 보충하고 쿠바 내에서 활동하던 반정부 세력과 합류하며 힘을
길렀다. 그 과정에서 처음에는 혁명군에서 군의관 역할을 했던 체는
지도력을 발휘해 결국 반군의 지도자로 인정받는다. 1959년 1월, 정
부군을 물리친 그들은 수도 아바나에 입성했다. 혁명 세력은 도미니
카 공화국으로 도망친 바티스타 정권을 무너뜨리고 사회주의 국가
를 세웠다. 부패하고 무능한 독재정권에 조종弔鐘을 울렸다. 미국은

자신이 가장 미워하는 사회주의 국가가 코앞에 들어서는 것을 지켜볼 수밖에 없었다.

체의 혁명 운동에 등불이 된 '노동자 계급의 성서'《자본론》의 저자 마르크스는 대학에서 철학박사 학위를 받았으며, 젊은 시절 헤겔 변증법의 역동성에 주목했다. 마르크스는 1848년 프랑스, 영국, 독일 등지에서 일어난 혁명 운동에서 변혁의 가능성을 맛보았으나 좌절감도 느꼈다. 성장하던 부르주아와 노동자 계급이 연대하여 봉건적 지배구조를 타파하기 위해 투쟁했으나 원하던 목적을 달성하지는 못했다. 노동자 계급의 조직과 의식은 아직 성숙되지 못했으며 투쟁의 지도력도 미약한 수준이었다.

마르크스는 스물아홉 살이던 1848년에 엥겔스와 함께《공산당 선언》을 썼다.《공산당 선언》은 국제노동자 비밀조직인 '공산주의자동맹'이 나아가야 할 방향과 지침을 밝힌 선언문이었다. 혁명을 부추긴다는 이유로 모국 독일에서 추방되어 1849년 영국으로 망명한 그는 런던에서 죽을 때까지 살았다. 1848년 혁명의 실패를 맛보면서 마르크스의 관심사는 경제학으로 돌려진다. 자본주의 사회의 운동법칙을 과학적으로 분석하고 노동자 계급에게 투쟁의 지침과 방향 그리고 혁명의 필연성을 보여주는 것이 무엇보다 중요한 시점이었다.《자본론》의 탄생 배경이다.

《자본론》을 쓰는 동안 하숙비가 없어 이곳저곳으로 옮겨 다녀야 했고 아내와 딸들이 죽는 고통도 감내해야 했다. 런던의 영국박물관 도서관에서 아침 9시부터 저녁 6시까지 책과 자료에 파묻혀 살다시 피 하여 필생의 역작 《자본론》을 완성했다. 책은 세 권으로 이루어졌는데 제1권만 마르크스가 살았을 때인 1867년에 출간되었다. 제2권과 제3권은 그의 사후, 평생 동지였던 엥겔스가 그가 남긴 원고를 정리해 1885년과 1894년에 출간했다. 《자본론》 집필의 출발점은 19세기 중반 자본주의 사회의 현실이었다. 다섯 살 어린이까지 열악한 노동 환경에서 14시간 이상의 장시간 노동에 시달리는 자본주의 사회, 죽도록 일하지만 가난에서 벗어날 수 없는 존재인 노동자 계급의 현실. 《자본론》은 최초의 인간인 아담이 사과를 베어 먹어서 인류에게 죄가 내린 것이라고 보는 신학의 원죄설과 같은 경제학의 원죄설을 언급한다.

아주 옛날에 한편에는 부지런하고 현명하며 무엇보다도 검약한 뛰어난 사람들이 있었고, 다른 한편에는 게으름뱅이들로 자신의 모든 것 또는 그 이상의 것을 써버리는 쓰레기 같은 인간들이 있었다. 신학의 원죄설은 우리에게 어째서 인간은 이마에 땀을 흘려야만 먹을 수 있게끔 저주받았는지를 설명해주지만, 경제학의 원죄설은 그렇게 일을 할 필요가 조금도 없는 사람들이 어떻게 하여 존재하는지를 밝혀준다. 하여튼 전자의 사람들은 부를 축적하고 후자의 사람들은 결국 팔 것이라고는 자신의 몸뚱이 외에 아무 것도 없는 빈털터리가 되었다. 그리하여 이 같은 원죄에서 아무리 일을 해도 여전히 자신의 몸뚱이 외에는 아무 것도 팔 것이 없는 대중의 빈곤과 극소수 사람들의 부가 비롯되었으며, 이 극소수의 사람들은 아주 오래 전부터 이미 노동하기를 그만두었는데도 그의 부는 계속 증대해온 것이다.

_카를 마르크스, 강신준 옮김, 《자본 Ⅰ-2》, 길, 2008.

경제학의 원죄설에 따르면, 부자와 가난한 자는 타고날 때부터 성향이나 기질이 다르다. 부자는 자신의 근면함과 절약으로 부를 축적했다고 본다. 가난한 자의 가난은 남의 탓이 아니며 게으르고 씀씀이가 헤픈 탓이다. 마르크스는 이와 같은 경제학의 원죄설을 인정할 수 없었다. 자본주의 사회를 당연하다고 인정하지 않는 이상, 자본주의 역사와 과학적인 운동법칙을 이해한다면 원죄설은 설 자리가 없다고 보았다.

《자본론》에서 자본가는 중세부터 고리대금업이나 상업으로 돈을 번 사람들에 뿌리를 두고 있다고 본다. 부가 소수에게 집중된 보다 중요한 계기는 아메리카 대륙에서 금광과 은광의 발견, 원주민의 멸망과 노예화, 동인도제도(인도네시아 근처의 여러 섬)의 정복과 약탈, 아프리카 흑인사냥을 통한 인간장사 등이었다. 《자본론》은 "자본은 머리끝에서 발끝까지 모든 털구멍에서 피와 오물을 흘리면서 태어난다"고 말한다. 자본가는 '역사적으로 볼 때' 결코 그들이 가진 것만으로 사회의 지배 계급으로 우뚝 서지 않았다.

16세기에 지금은 벨기에 영토인 플랑드르 지방의 모직물 공업이 성장하면서 양털 수요가 늘어나자 양털 가격이 뛰었다. 영국의 영주들은 돈벌이를 위해 공동 소유하던 땅에서 농민들을 폭력적으로 쫓아내고 농지에 울타리를 쳐서 양을 기르는 인클로저enclosure를 한다. 토머스 모어(1478~1535)는 《유토피아》에서 그때의 사회 모습을 "양이 인간을 먹어치운다"고 풍자했다. 인클로저가 유행하던 시기, 왕은 절대 권력을 잡기 위해 봉건귀족이 거느리던 가신 집단을 무너뜨렸다. 이 두 과정, 특히 인클로저를 통해 가진 것 없고 보호받을 길이 없는 많은 수의 사람들이 노동 시장에 내몰렸다. 이들이 바로 마르크스가 보았던 영국 노동자 계급의 조상이다.

자본주의 사회는 자본가 계급과 노동자 계급이 만들어지면서 등장했다. 국내와 외국에서 약탈로 화폐를 쌓은 자본가 계급과 자신이 경작하던 땅에서 쫓겨나 노동력을 팔 수밖에 없는 존재인 노동자 계급이 자본주의 생산양식의 토대다. 노동자는 임금을 받고 노동력을 팔며, 자본가는 노동자의 노동력, 원료와 기계 등을 구입한다. 노동자의 노동이 만든 생산물의 가치는 자본가가 투자한 노동자의 노동력, 원료와 기계 등의 가치를 합한 것보다 크다. 잉여가치의 비밀은 노동자가 자신이 받는 임금 이상으로 노동한 부분에 있다. 돈이 돈을 버는 것처럼 보일 뿐, 실제로는 '노동자의 잉여노동만이 잉여가치를 만든다.' 자본가는 이 잉여가치를 다시 투자하여 자본을 늘려나간다. 자본가는 자본을 늘려나가야 의미가 있고, 오직 관심은 거기에 쏠려 있는 자본의 화신이다.

《자본론》은 노동자가 자본가의 자본을 늘려주는 고마운 존재이면서도 끊임없이 일터에서 쫓겨날 신세임을 밝힌다. 노동자와 자본가 계급은 어느 순간 더는 화해할 수 없는 관계에 도달한다. 도구, 기계, 생산원료 등 생산수단이나 자본은 소수 자본가 손에 대규모로 집중된다. 노동자 계급은 자본주의 사회의 특징인 대규모 공장에서 훈련되고 조직되고 이들의 저항은 날이 갈수록 거세진다. 새로운 사회인 공산주의 사회를 이끌 세력은 노동자 계급이다. 자본주의 사회는 역사적 역할을 다하고 사라질 운명이다. 자본주의 사회에서는 한줌도 안 되는 수의 자본가가 수많은 민중을 착취했다. 하지만 새로운 사회에서는 노동자 계급을 중심으로 한 민중이 자본가의 모든 재산을 빼앗아 사회의 공동 소유로 만든다.

《자본론》에는 마르크스가 19세기 중반 자본주의 사회의 자본에 의한 노동의 약탈을 보며 느낀 분노와 새로운 사회에 대한 전망이 담겨 있다.《자본론》은 자본주의 현실을 정치경제학이라는 추상의 힘을 빌려 자본주의의 운동법칙을 밝혔으며 현실 변혁운동의 등대가 되었다.

체는 라틴아메리카 대륙을 여행하면서 미국 자본과 결탁한 독재 정권에 신음하는 민중의 삶을 보며 모순에 가득 찬 현실에 눈을 뜨기 시작했다. 또한 라틴아메리카 여러 나라의 혁명가들과 만나면서 의식은 점점 깨어갔다.《자본론》은 체가 계급에 의한 계급의 착취가 없는 사회를 꿈꾸면서 만났던 이론과 실천의 무기였다. 체는《자본론》을 통해 리얼리스트의 면모를 다져나갔다. 사회혁명뿐 아니라 개인의 변혁을 위해서도 리얼리스트의 접근 방법이 필요하다. 우선 각자의 현재 위치에서 출발해야 한다. 문제가 무엇인지를 모르는 것이 가장 큰 문제다. 자신의 현재 모습에서 문제를 찾는 노력과 지혜가 모든 변화의 전제조건이다. 마르크스의 표현을 빌리자면, 자신을 '변혁'시키기 위해서는 '해석'이 전제되어야 한다. 그렇다고 해서 해석이 전부는 아니며 해답도 아니다. 해석은 해석일 뿐이다. 문제를 파악했다면 해결하는 구체적 행동, 즉 실천이 필요하다. 인식은 실천이다. 머릿속에 들어 있는 생각들의 유효성을 검증할 무대는 현실이다. 현실에서 검증을 통해 자신의 생각을 반성하고 전진하는 계기로 삼아야 한다.

리얼리스트의 방법론은 현실에서 출발하여 현실로 돌아가는 순환의 연속이다. 다시 말해서 개인의 변혁은 현실을 매개로 끊임없는 자기비판과 자기반성을 통한 인식의 심화 과정이다. 찰스 다윈은 《종의 기원》에서 신의 의지가 개입되지 않는 '있는 그대로의 자연'의 모습을 보여주었다. 마르크스는 《자본론》에서 '보이지 않는 손'이 작동하지 않는 '있는 그대로의 자본주의 사회'의 운동법칙을 밝혔다. '있는 그대로의 현실 인식'은 '현실 순응적 관념'과는 전혀 다르다. 《자본론》에서 있는 그대로의 현실 인식은 혁명의 필연성과 가능성을 끌어내기 위한 과정이다. 또한 자본주의 사회 혁명의 필연성과 가능성은 있는 그대로의 현실 인식의 결과이기도 하다. 《자본론》은 있는 그대로의 자본주의 사회를 보여주면서 모순된 현실을 바꿔야 하며 바꿀 수 있다는 점을 밝혔다.

우리도 자신의 현재 모습이 변화가 가능하고 변화해야 된다고 생각해야 한다. '에이, 내가 발버둥 친다고 도리가 있겠어. 그냥 이대로 살지'라는 생각은 금물이다. 조금만 현실에 눈을 돌려 살펴보면, 모든 것은 변화의 과정에 있다는 사실을 발견할 수 있다. 객관적 조건의 성숙과 주체적 실천이 결합할 때 개인 혁명의 문은 활짝 열린다. 진정한 리얼리스트는 자신의 현재 위치에서 출발하되, 현재 모습은 변혁이 가능하고 변화해야 된다고 생각하며 끊임없이 자기비판과 자기반성을 하는 사람이다.

자만을 이기는 순간
한 인간으로 성숙한다

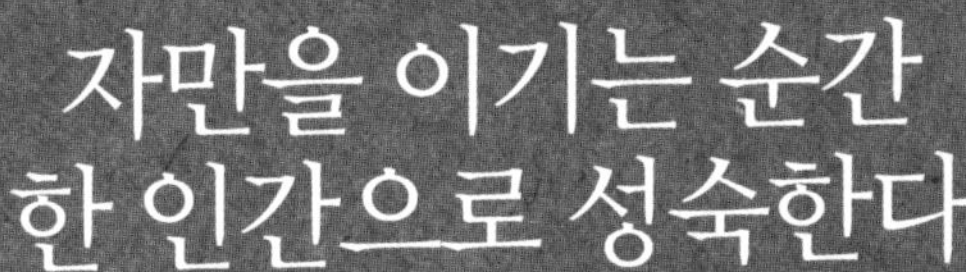

윈스턴 레너드 스펜서 처칠(1874~1965)은 한 마디로 영국의 뼈대 있는 가문 출신이었다. 스페인 왕위계승 전쟁에서 루이 14세가 이끄는 프랑스 군대를 물리친 잉글랜드의 말버러 공작 1세 존 처칠(1650~1722)의 후손이다. 말버러는 군대 지휘관으로 1704년 8월 13일에 오스트리아의 블레넘에서 영국 역사상 최고의 승리를 거두었다. 그 당시 잉글랜드의 앤 여왕은 공작의 승리를 기념하여 대저택을 지어준 뒤 이름을 블레넘 궁전이라 했다. 처칠은 이 궁전에서 태어났다. 궁전이라는 이름에 걸맞게 방이 200여 개나 된다. 처칠의 아버지는 뛰어난 웅변가였고 국회의원과 고위 장관까지 지냈으며 차기 총리감이라는 말을 들었다. 그러나 더 큰 뜻을 펴지 못하고 권력투쟁에서 밀려 쓸쓸하게 최후를 마쳤다. 아버지의 정치적 지지와 후원을 간절히 원했던 처칠의 꿈은 이루어지지 못했다.

처칠은 어린 시절 '문제아'였으나 잘하거나 열심히 하는 것도 있었다. 바로 독서와 작문이었다. 이 두 가지는 '문제아' 처칠을 '위대한 영국인 1위'로 만든 가장 든든한 밑천이었다. 처칠은 젊은 시절, 영국의 식민지였던 인도와 남아프리카공화국에서 군인과 기자 역할을 했다. 군인으로서 직접 경험한 생생한 전투 장면을 기록해 신문사에 보냈다. 남아프리카공화국에서는 네덜란드 이주민인 보어인과 전투에서 포로가 되기도 했다. 포로수용소에서 28일 만에 목숨을 걸고 탈출해 하루아침에 스타가 되었다. 처칠은 젊었을 때 글을 써서 돈과 명예를 거머쥐었으며 이를 발판으로 정치에 도전했다. 스물다섯 살에 처음으로 국회의원 선거에 출마하여 낙선했으나 스물여섯 살에 다시 도전하여 당선되었다. 젊은 나이에 국회의원이 되어 정치가로서 삶을 시작하여 승승장구한다. 1914년부터 시작된 제1차 세계대전에는 차례로 해군장관, 군수장관, 육군장관, 공군장관이 되어 전쟁을 지휘했다. 제1차 세계대전을 배경으로 한 《세계의 위기》도 썼다. 전쟁이 끝난 후에도 한 동안은 장관을 하기도 했으나 쉰여섯 살이던 1930년부터 1939년 다시 해군장관이 되기까지 약 9

년간은 정계에서 밀려났다. 처칠은 자신의 인생에서 1930년대를 '황무지 시절'이라고 불렀다. 스물여섯이라는 젊은 나이에 정계에 진출하여 30년간 주요 공직을 맡았던 처칠은 1930년대 9년 동안 무관의 설움을 견뎌야 했기 때문이다.

처칠의 황무지 시절인 1930년대 독일에서는 히틀러가, 이탈리아에서는 무솔리니가 정권을 장악하며 유럽에 전운이 감돌았으나 영국은 난치병에 걸려 있었다. 제1차 세계대전 전승국이었던 영국은 식민지를 경제권으로 묶어 경제 공황을 극복하며 승전국의 지위에 취해 있었다. 미국이나 다른 나라는 대공황의 쓰나미가 덮쳤지만 영국은 상대적으로 풍요로웠다. 독일, 이탈리아, 일본은 자본주의 체제가 약했으며 경제 위기를 대외 침략과 전체주의 정책으로 극복하고자 했다. 영국은 히틀러가 재무장을 통해 노골적으로 침략 의도를 드러내고 있는데도 강 건너 불구경하듯 했다.

히틀러가 전쟁 준비를 하던 때, 처칠은 권한을 가진 정치가가 아니어서 주로 연설로 히틀러와 독일의 움직임을 경고했다. 1938년 3월 하원 연설에서 "나는 우리 섬이 경솔하고 무모하게 캄캄한 심연으로 이어진 계단을 내려가는 것을 지켜보았습니다. 시작은 훌륭하고 넓은 계단이었지만 얼마 지나지 않아 그 위에 깔린 카펫은 끝나고 말았습니다. 조금만 더 가면 금방 바닥에 깔린 돌이 드러나고, 또

조금만 더 가면 이 계단은 여러분의 발아래에서 부서져버릴 것입니다"고 말하면서 영국 사회에 경고등을 깜빡였다. 처칠은 이미 몇 년 전부터 히틀러의 등장과 움직임을 경계하자고 했지만 영국은 잠들어 있었다.

1938년 히틀러가 체코슬로바키아에서 독일어를 사용하던 수데텐란트 지역을 합병하겠다고 선언하자, 당시 영국 총리였던 체임벌린은 더 큰 전쟁을 피하고 독일을 달랜다는 명분으로 히틀러의 수데텐란트 지역에 대한 욕심을 인정하고 만다. 그러나 영국의 양보는 말뿐이었다. 사실 영국은 독일과 싸울 준비가 되어 있지 않았다. 체임벌린의 양보를 보고 처칠은 "모든 것이 끝났다. 버려지고 부서진 체코슬로바키아가 침묵과 슬픔에 잠겨 어둠 속으로 사라졌다. 우리는 전쟁도 치르지 않고 패배했다"고 말했다.

'장래 총리감'이라는 평을 받았으나 유종의 미를 거두지 못한 처칠의 아버지. 스물여섯 살에 정계에 진출하여 탄탄대로를 걸었으나 1930년대에 9년 동안 정치적 야인생활을 한 자신. 제1차 세계대전 승전국의 지위에 취해 갈 길을 정하지 못하고 허둥대던 영국. 처칠은 아버지의 삶을 떠올려보고, 자신 그리고 조국의 어제와 오늘을 뒤돌아보면서 무엇이 문제였는가를 되짚어 보았다. 그는 아버지, 자신, 조국 모두 한때의 영화에 취해 가속 페달만 밟아왔다는 점에 주목했다.

영국의 역사가 에드워드 기번(1737~94)이 지은《로마제국 쇠망사
The History of the Decline and Fall of the Roman Empire》(1776~89)는 로마
의 전성기인 2세기부터 동로마제국이 망한 15세기까지 약 1,400년
의 역사를 담고 있다. 기번은 최고의 번영을 누리던 5현제 시대의 로
마 사회는 이미 병에 걸려 있었다고 진단한다. 5현제는 네르바(재위
96~98), 트라야누스(재위 98~117), 하드리아누스(재위 117~138), 안토
니누스 피우스(재위 138~161), 마르쿠스 아우렐리우스(재위 161~180),
다섯 명의 황제를 말한다.

카이사르의 조카이자 양자로 그의 후계자가 되어 로마제국 초대
황제에 오른 아우구스투스는 더는 정복전쟁을 하지 말라고 유언을
남겼다. 아우구스투스 이후 5현제 시대 이전까지 새롭게 정복된 지
역은 지금의 영국인 브리타니아 한 곳뿐이었다. 무리한 정복전쟁
을 벌이지 말라는 아우구스투스의 유언이 잘 지켜졌던 셈이다. 아
우구스투스가 죽은 지 82년 후에 5현제 시대가 시작되었는데, 아우
구스투스부터 5현제 시대까지 약 200년의 기간을 '팍스 로마나Pax
Romana(로마의 평화)'라고 부르기도 한다. 한 마디로 오랜 기간 평화
를 이루었던 태평성대였다. 그러나 기번은《로마제국 쇠망사》에서
"5현제 시대에 이미 사람들의 생각은 점차 다름이 없어졌고, 천재의

불꽃은 사그라졌으며, 심지어 무예를 중시하는 마음도 희미해져 갔다”고 묘사했다. 로마제국 최고 전성기에 이미 번영의 그늘이 짙게 드리워져 있었던 것이다.

기번이 《로마제국 쇠망사》를 굳이 5현제 시대부터 쓰기 시작한 배경에는 그의 독특한 역사관이 자리 잡고 있다. 가장 번영했던 시기에 이미 쇠퇴의 조짐과 싹이 있었다는 점을 보여주고자 함이었다. 《로마제국 쇠망사》는 황제 한 사람이 마음대로 다스리는 군주정보다 공화정이 낫다고 주장한다. 고대 로마의 공화정 시대에는 평민들이 정치에 참여하고 법률에 의한 정치가 이루어지는 등 권력의 분립과 견제가 이루어졌다. 군주정은, 항상 독재정치의 가능성이 있는 정치 체제이며, 설령 독재로 흐르지 않는다 해도 구성원들의 창의력과 생동감이 떨어질 수밖에 없는 한계를 지니고 있다. 《로마제국 쇠망사》는 로마제국이 ‘공화정의 탈을 쓴 절대왕정’이었다고 말한다. 로마 황제는 ‘공화정의 냄새’를 교묘하게 풍겼지만 실제로는 절대 권력을 행사하며 통치했다는 의미다. 겉으로는 5현제 시대가 평화롭고 번영을 누리던 시대로 보이지만 로마제국이 망할 수밖에 없었던 이유도 뚜렷했던 시대로 이해한다. 잘나갈 때 조심하라는 말이 있다. 개인이나 국가도 잘나가다보면 한때의 영광에 취해 방심하기 마련이다. 그러다보면 어느 날 문득 날개 꺾인 새가 된 자신의 모습을 보게 된다.

《로마제국 쇠망사》는 로마의 비정상적인 팽창정책, 크리스트교 등이 제국의 쇠망을 앞당겼다고 이야기한다. 전쟁에 승리한 로마군은 이민족의 좋지 않은 풍속에 차츰 멍들었다. 자유의 정신을 억압하고, 전쟁으로 이름을 날린 장군들은 황제의 권위에 수시로 도전했다. 크리스트교는 콘스탄티누스 황제 때인 313년에 공식적으로 인정받았고, 392년에 테오도시우스 황제 때 로마의 국교가 되었다. 크리스트교가 득세하자 이전까지 로마제국을 떠받치던 현실과 무예를 존중하던 정신이 약해졌다고 기번은 이야기한다. 크리스트교가 여러 파벌로 대립한 점도 로마 쇠망의 원인이 되었다.

《로마제국 쇠망사》는 "로마의 쇠망은 제국의 거대함에서 비롯된 자연스럽고도 피할 수 없는 일이었다. 번영이 쇠망의 원리를 무르익게 한 것이다. 정복 지역이 넓어지면서 쇠망의 원인도 늘어났다. 그때 우연인지 필연인지, 인공적인 기둥이 제거되자 이 엄청난 건축물은 자신의 무게를 감당하지 못하고 스스로 무너졌다. 로마제국 쇠망의 과정은 지극히 단순하고 명백하다. 오히려 놀라운 것은 어떻게 이다지도 오래 유지할 수 있었는가 하는 점이다"고 주장한다.

로마제국의 5현제 시대나 '대영제국'의 절정기로 알려진 빅토리아 시대만큼은 아니었지만 1930년대 영국은 다른 나라들에 비해 상대적으로 많은 풍요를 누리고 있었다. 앞에서 잠깐 언급한 것처럼, 그 당시 미국을 포함한 후발 자본주의 국가들은 공황의 여파에 신음하고 있었다. 독일은 1934년 총통이 된 히틀러가 주도해 군사력을 착착 늘리고 있었다. 영국뿐 아니라 유럽 전체가 히틀러의 등장과 독일 군사력 강화에 미처 준비를 하지 못한 상황이었다. 처칠이 히틀러의 야심을 폭로하고 대비를 해야 된다고 경고했지만 그의 말을 귀담아 듣는 사람은 별로 없었다. 그 무렵 영국은 잔뜩 취한 채 곯아떨어져 있었다. 10만의 군사를 길러야 된다고 주장했던 율곡의 말을 무시한 조선과 마찬가지였던 셈이다. 율곡의 선견지명을 몰라본 조선은 임진왜란으로 엄청난 대가를 치러야 했다. 조선과 영국의 예는 정치 지도자들이 현실에 눈이 멀면 국가가 어떤 희생을 당하는지를 똑똑히 보여준다.

1939년 폴란드를 침공한 독일에 영국과 프랑스가 선전포고를 하면서 제2차 세계대전이 벌어졌다. 그때서야 영국에서는 나라를 구할 인물로 처칠을 찾게 되고, 예순여섯 살이던 처칠은 총리가 되어 전쟁을 지휘한다. 1940년에는 신임 총리로서 국회에서 "나에게는 피와 수고와 눈물과 땀 이외에는 내놓을 것이 아무것도 없습니다. …… 여러분은 제게 물을 것입니다. 무엇이 우리의 정책인가? 나는 대답하겠습니다. 맞서 싸우는 것이라고. 바다와 땅과 하늘에서, 하느님이 우리에게 주신 모든 능력을 동원해 싸우는 것이 우리의 정책입니다. 여러분은 또 물을 것입니다. 무엇이 우리의 목표인가? 나는 한마디로 대답하겠습니다. 승리라고. 어떤 대가를 치르고서도 승리하는 것뿐이라고 말입니다"고 각오를 밝혔다.

폴란드 침공으로 시작해 파죽지세로 연합국을 밀어붙인 독일은 1941년이 되자 영국과 소련을 제외한 유럽 대부분을 차지한다. 1940년 프랑스조차 독일에 점령당했으니 오직 희망은 영국뿐이었다. 그러나 영국은 독일의 엄청난 폭격을 받고 있었으며 게다가 섬나라였기에 고립될 수밖에 없었다. 수상이었던 처칠은 공습경보 사이렌이 울리면 대책회의를 한다며 군복을 입고 지하 벙커에 틀어박혀 있지 않았다. 직접 지붕 위에 올라가 폭격상황을 보았으며 수시로 병사들을 찾아 농담을 주고받았다. 어딜 가나 승리의 브이 자를 그려 보이며 국민들에게 희망을 심어주었다. 영국민들은 처칠의 배짱을 보면서 안도감과 자신감을 갖게 되었다. 처칠의 외손녀가 쓴 글에 나와 있듯이 "그는 모든 일을 즐겼던" 사람이었다. 연합국의 승리로 전쟁이 끝나자, 처칠은 자신의 경험을 토대로 《제2차 세계대전》을 쓰기도 했다. 그는 1953년 이 작품으로 노벨문학상을 받았다.

전쟁은 개인과 공동체에 치명적 영향을 준다. 침략전쟁이든 불의에 저항하는 전쟁이든 상관없이 그렇다. 그러한 전쟁의 어둠 속에

한 줄기 빛이 되는 아름다운 일들도 있다. 아군을 위한 희생, 적군이나 무고한 민간인에게 베푸는 배려는 흔치 않은 일이기에 더욱 소중하고 기억에 오래 남는다. 하지만 매우 드문 희생과 배려를 제외하면 전쟁에는 오직 정글의 법칙만이 있을 뿐이다. 수단과 방법을 가리지 않고 상대를 넘어뜨려야 살아남는 전쟁은 인간이 인간이기를 포기하도록 만든다. 우리 민족도 역사 이래 수많은 전쟁을 경험했다. 적극적이고도 공격적인 전쟁, 침략을 방어하기 위한 전쟁도 있었다. 일본 제국주의의 침략전쟁에 끌려 나가 우리 선조들은 참을 수 없는 희생을 강요당하기도 했다. 우리 민족의 뜻과 전혀 상관없는 전쟁으로 얼마나 많은 사람들이 희생되고 고통을 당해야 했던가? 일본 제국주의는 우리 민족의 젊은 남성을 강제로 징용해 목숨과 노동력을 빼앗았으며, 젊은 여성을 정신대라는 이름으로 희생시켰다. 개인이든 국가든 전쟁을 경험하지 않는 것만으로도 커다란 행운이라 할 수 있다. 전쟁으로 생명을 잃기도 하고 몸을 다치기도 하고 정신적 후유증에 시달리기도 한다. 죽은 사람이나 살아남은 사람 모두 전쟁의 피해자가 된다. 베트남의 작가 바오 닌은 "전쟁은 평화의 반대어가 아니라 일상의 반대어라고 해도 틀리지 않는 말이다. 아무리 좋은 전쟁도 가장 나쁜 평화보다 더 나을 수는 없다"고 했다. 베트남 전쟁에서 시체의 언덕을 넘고 넘어 기적적으로 살아남은 그의 말이기에 더욱 가슴에 와 닿는다.

인류는 20세기에 두 번이나 세계대전을 겪었다. 영국은 전쟁의 주체로 두 전쟁을 모두 치렀다. 지난 날 넓은 식민지를 확보하여 '해가 지지 않는 나라, 대영제국'으로 불렸던 영국이었기에 영국인으로서 세계 역사에 커다란 발자취를 남긴 사람은 제법 많다. 2002년, 영국의 비비시BBC 방송국이 백만 명의 영국민을 대상으로 '위대한 영국인'을 뽑는 조사를 했다. 우리가 익히 알고 있는 다윈, 셰익스피어, 뉴턴, 넬슨 해군함대사령관 등이 윗자리를 차지했다. 축구선수 데이비드 베컴도 33위에 이름을 올렸다. 그럼 1위는 누가 차지했을까? 영광의 1위는 제2차 세계대전의 영웅 처칠이었다.

처칠은 좋은 집안에서 태어났으나 어린 시절은 그다지 밝지 못했다. 체격은 작고 말을 더듬으며 발음이 정확하지 못해 '왕따'를 당하기도 했다. 그러나 우리는 처칠을 뛰어난 연설가로도 기억하고 있으니, 그가 약점을 극복하기 위해 얼마나 노력했을지 쉽게 짐작할 수 있다. 처칠은 중학교 입학시험을 회상하면서 "시험지 맨 위에 내 이름을 적었다. 그러고는 '1'이라고 문제의 번호를 썼다. 한참 생각한 뒤에 숫자에 괄호를 더해 '(1)'이라고 고쳐 적었다. 하지만 그러고 나니 그 문제에 적절히 들어맞거나 옳다고 생각되는 그 어떤 것도 떠오르지 않았다"고 말했다. 시험 두 시간 동안 '검은 것은 글씨요,

흰 것은 종이'라는 심정으로 눈만 멀뚱멀뚱 뜨고 앉아 있다가 백지 답안을 낼 수밖에 없었다. 하지만 그 시대에도 뼈대 있는 집안 자녀는 봐주는 것이 있었는지 하여튼 합격했다. 선생님들은 학창 시절의 처칠을 '구제불능 학생'으로 생각했다. 처칠의 학교생활기록부에는 "품행이 나쁘고 믿을 수 없는 학생으로, 의욕과 야심이 없고 학생들과 자주 다투며, 상습적으로 지각하고 물건을 제대로 챙기지 못하며 야무지지 못하다"고 적혀 있다. 처칠의 아버지도 그런 아들에게 실망해 '사회의 쓸모없는 존재'가 될 수 있다고 경고하기도 했다. 뒷날 처칠 스스로도 "나는 어른들이 흔히 말하는 문제아였다"라고 말했을 정도였다. 학창 시절 내내 역사를 제외한 대부분의 과목 성적은 엉망이었다. 특히 수학을 못했는데 샌드허스트 사관학교 입학시험을 위해 수학만 따로 '족집게 과외'를 받았을 정도였다. 하지만 세 번 도전 끝에 합격한 사관학교는 전체 150명 중 8등으로 졸업했으니 그곳에서 자신에게 맞는 적성을 찾은 듯하다. 처칠은 사관학교를 졸업한 뒤 1896년에 영국의 식민지였던 인도에서 근무했다. 이때《로마제국 쇠망사》를 포함해 어머니가 보내준 역사, 철학, 경제학, 정치학의 수많은 고전들을 읽었다. 뙤약볕에서도 하루에 다섯 시간 이상씩 꾸준히 책을 읽었다고 한다.

여섯 권으로 이루어져 있는《로마제국 쇠망사》는 로마 역사를 알고자 하는 사람들은 꼭 읽어야 될 필독서다. 물론 기번이 죽은 뒤의 연구 성과들로 인해 그의 관점 중 일부는 수정을 필요로 하지만, 역사를 바라보는 독특한 관점과 뛰어난 문장력은 사람들의 입에 오르내릴 만하다.

《로마제국 쇠망사》는 정치가 처칠 집안의 독서목록 1호로, 처칠의 아버지는 이 책의 어느 페이지는 아예 암기했을 정도였으며 연설이나 글을 쓸 때도 참고했다. 처칠 또한 《로마제국 쇠망사》의 여백에 자신의 의견을 적으면서 즐겨 읽었다. 그는 《로마제국 쇠망사》에서 많은 교훈을 얻었다고 한다. "기번이 묘사한 로마 황제들의 일화가 나중에 국가를 운영할 때 큰 힘이 됐으며 등불 역할을 했다"고 말했을 정도였다. 처칠의 "점점 더 멀리 되돌아볼수록 점점 더 멀리 앞을 볼 수 있다"는 말도 《로마제국 쇠망사》를 염두에 두고 한 말일 것이다. 그는 이 책에서 교훈뿐 아니라 유려한 문장 표현을 배웠으며 그렇게 배운 표현들은 정치가가 되어 연설을 하거나 책을 쓸 때 도움을 받았다.

기번은 어렸을 때부터 역사책을 즐겨 읽었으며 역사가가 되고자 했다. 1764년에 로마 여행길에 고대 로마의 중심지인 카피톨리누스 언덕에 올라 로마제국에 대한 역사책을 쓰기로 마음먹었다. 1772년에 쓰기 시작해 1787년에 마지막 권을 마무리했으니 순전히 책을 쓴 기간만 15년이나 걸렸다. 1776년에 제1권이 나오자마자 베스트셀러가 되었다. 얼마나 인기가 많았던지 해적판도 나돌았다.《국부론》의 저자 애덤 스미스는 기번에게 "당신은 이 책 한 권으로 유럽 전체에서 가장 뛰어난 작가가 되었습니다"고 말했다.

로마는 하루아침에 이루어지지도, 하루아침에 망하지도 않았다. 로마제국은 강력한 군사력과 피지배 국가의 문화까지 아우르는 포용력으로 오랜 동안 지구상에서 최고의 번영을 이루었다.《로마제국 쇠망사》는 로마제국의 성립 과정이나 민주적인 공화정 시대를 다루지 않는다. 늑대가 길렀다는 로마 건국의 시조인 로물루스나 "왔노라, 보았노라, 이겼노라"고 외쳤던 카이사르도 등장하지 않는다.《로마제국 쇠망사》는 로마제국 최고 전성기부터 시작함으로써, 이를 통해 로마는 이미 전성시대에 쇠망의 기운이 움트기 시작했으며 결코 회복할 수 없는 수준이 되었다는 점을 보여주고자 했다.

개인, 기업 및 국가의 경우에도 잘나갈 때는 긴장감이 떨어지고 판단력은 흐려지게 마련이다. 승승장구하던 분위기에 취해 뒤와 옆을 돌아보지 못하다가 처칠의 아버지는 더 큰 꿈을 펼치지 못했고, 처칠은 9년 동안 정치적 야인이 되었다. 기업도 잘나갈 때가 가장 위험하다. 성공에 취하면 모든 감각이 무뎌지며 변화의 기미를 알아채지 못한다. 개인용 컴퓨터 수요를 예측하지 못하고 대형 컴퓨터에만 집중하다 한때 위기를 맞았던 IBM, IT 업계 제1인자로 군림하다 스마트폰의 폭발력을 알아채지 못해 애플에게 자신의 자리를 내준 마이크로소프트의 사례도 자만에 눈먼 결과다. 대제국도 번영기에 이미 쇠망의 씨앗을 간직하고 있었다. 로마나 중국의 진나라, 수나라의 멸망 직전 모습은 한결같다. 연극배우가 본모습은 바뀌지 않은 채 가면을 쓰거나 옷을 갈아입고 무대에 오르듯, 역사 발전의 법칙 또한 시대에 따라 겉모습만 다를 뿐 본질은 변하지 않는다. 지배 계급의 분열·대립·사치, 세금 및 노동력 착취의 강화, 피지배 계급의 저항, 주변국과 잦은 전쟁이 대제국 망국병의 공통된 현상이다. 망국병의 근원은 지배 계급의 자만이다. 지배 계급의 화석화된 의식과 현실의 변화가 더 이상 어울리지 않을 때 제국은 역사 속으로 사라졌다.

독일이 재무장하고 침략의 야욕을 드러내던 1930년대 영국도 제1차 세계대전의 승전국의 지위에 취해 있었다. 처칠은《로마제국 쇠망사》에서 잘나갈 때가 조심할 때라는 교훈을 얻었다. 스스로도 긴장의 끈을 다잡는 계기로 삼았으며 영국 사회에는 끊임없이 경고등을 깜빡였고 '숙취해소제'를 들이 부었다. 늦은 감이 있었지만 영국은 처칠의 주도로 초기의 패전을 딛고 미국, 소련과 연합해 전쟁을 승리로 이끌었다.

잘나가고 있는 개인, 기업 및 국가가 자만에 빠지면 잘나갈 때의 방법만이 머리를 지배한다. 세상은 변했지만 변하기 전에 통했던 방법만을 고집한다. 이러다보면 시대착오가 발생하여 여러 유형의 저항에 신음하다가 서서히 또는 급속히 무너지게 된다. 개인이나 기업은 물론 국가의 경우에도 자만의 유령은 파멸이라는 무덤으로 인도하는 충실한 길잡이다.

사람은 누구나
자신만의 독립선언이 필요하다

미국 독립선언문의 기초자이며 제3대 대통령이었던 토머스 제퍼슨
(1743~1826)은 북아메리카 지역에서 최초로 영국 식민지에 편입된
버지니아 출신이다. 제퍼슨은 버지니아 중에서도 '프런티어'에 해
당하는 지역에서 태어났다. 그의 선조는 영국 남서부에 있는 웨일스
출신이었다. 제퍼슨의 아버지는 측량 기사였는데 처음으로 버지니
아 지도를 만들었다. 제대로 된 교육을 받지 못했지만 차곡차곡 땅
을 사들여 대농장주가 된 자수성가한 사람이었다. 제퍼슨은 아버지
를 포함한 선조의 '프런티어 정신'이라는 유전자를 물려받았다. 열
여섯 살에 버지니아의 유일한 고등교육기관이었던 윌리엄앤메리

대학에 입학했으며, 그곳에서 만난 윌리엄 스몰 교수에게서 다양한 분야의 교육을 받았다. 제퍼슨은 여러 분야에 정통한 인물로도 알려져 있는데 이는 독서의 힘이라고 할 수 있다. 그는 자신의 개인 도서관에 10,000권 이상의 책을 소장하고 있었다고 한다.

생전에 제퍼슨이 직접 써 놓고 한 글자도 바꾸지 말라고 한 묘비명에는 "미국 독립선언문과 버지니아 종교 자유법의 저자, 버지니아 대학의 창립자인 토머스 제퍼슨 여기에 묻히다"고 적혀 있다. 두 번이나 연속해서 대통령을 지낸 사실이 빠져 있는 이유는 직책보다는 자신이 한 일로 평가받고 기억되기를 원했기 때문으로 생각한다.

묘비명에서 독립선언문의 기초자라는 부분은 워낙 잘 알려진 사실이니까 그렇다 치고, '버지니아 종교 자유법의 저자'라는 대목이 눈길을 끈다. 영국 청교도들은 종교의 자유와 경제적 이익을 찾아 17세기 초부터 아메리카대륙의 버지니아 등으로 이민을 떠났다. 1620년 12월 21일에는 102명의 청교도를 태운 메이플라워호가 아메리카의 매사추세츠 해안에 도착했다. 그때의 영국 청교도들은 '순례자의 시조'란 의미에서 '필그림 파더스Pilgrim Fathers'라 불리게 된다. 하지만 종교의 자유를 찾아 옮겨온 신대륙에서도 교파 사이의 대립은 사라지지 않았다. 목사가 다른 교파 신도들에게 살해당하는 일도 발생했다. 정치지망생이자 변호사였던 제퍼슨은 이 일에 큰 충격을 받았다. 그는 이때 국가로부터 종교를 분리·독립시키는 법률을 제정할 결심을 했다. 제퍼슨이 작성한 '버지니아 종교 자유법'은 뒷날 약간의 수정을 거쳐 통과되었고 종교의 자유가 법률로 보장되었다. 종교 자유법에는 어느 누구도 자신의 종교적 견해나 신앙 때문에 고통을 받지 않아야 하며, 모든 인간은 종교 문제에 대한 자기 견해를 자유로이 밝힐 수 있어야 한다고 적혀 있다. 이 법은 미국에서 처음으로 정치와 종교의 분리를 정한 법률이었으며 미국의 위대한 자유의 헌장 가운데 하나가 되었다. 제퍼슨은 자신이 종교 자유법 제정을 주도했다는 사실을 묘비명에 넣기를 바랄 정도로 대단한 자부심을 느꼈다.

선조에게서 물려받은 '프런티어 정신', 광범위한 독서 이력, 기독교 교파 사이의 극단적 대립 등이 제퍼슨의 사상과 가치관 형성에 결정적 영향을 주었다. 제퍼슨은 1769년 영국 식민지였던 버지니아 주 의회 의원이 되었다. 스물여섯 살의 풋내기 정치인 제퍼슨은 정계에 진출하자마자 노예해방에 관한 법률안을 제출했다. 몇몇 주에서는 노예 소유주의 권한으로 자유롭게 노예해방이 가능했지만 버지니아에서는 공로가 있는 노예만 해방을 허용하고 있었다. 제퍼슨의 노예해방 법률안은 다른 의원들의 반대에 부딪혀 통과되지 못했다. 그의 집안은 대지주였으며 아버지는 죽으면서 넓은 땅과 노예

열두 명, 가축 등을 유산으로 남겼다. 제퍼슨은 자신도 노예 소유주이면서 노예해방을 주장한 것이다.

제퍼슨이 버지니아주 의원으로 활동하던 시절 영국 본토와 미국에 있는 열세 개 식민지의 갈등이 고조되고 있었다. 북아메리카에서 영국과 프랑스의 식민지 쟁탈전이었던 프랑스-인디언 전쟁이 끝난 1763년 이전까지 열세 개 식민지는 상당한 자치를 누리고 있었다. 영국은 이 전쟁을 치르면서 진 빚을 해결하고 북아메리카에 주둔하는 군대의 비용을 마련하고자 했다. 그래서 1764년에는 열세 개 식민지로 수입되는 설탕이나 비단, 포도주 등에 관세를 부과하는 이른바 '설탕법'을, 1765년에는 '인지세법'을 만들었다. 인지세법에 따라 미국 식민지에서는 국왕이 임명한 업자들에게서 수입인지를 구입해 신문을 포함한 모든 인쇄물에 붙여야 했다. 설탕법과 인지세법은 일종의 과세로 영국 본토의 경제적 부담을 식민지에 떠넘기는 조치였다. 식민지 의회를 무시한 본국 정부의 강제 과세에 식민지는 반발했다. 영국의 존 로크(1632~1704)가 쓴《통치론Two Treatises of Government》(1689)에는 다음과 같은 내용이 나온다.

최고의 권력은 어떤 사람으로부터든 그의 재산의 일부를 그의 동의 없이 취할 수 없다. 재산의 보존이 정부의 목적이고 오직 그 목

적을 위해서 인간이 사회에 들어간다는 사실은 필연적으로 인민
이 재산을 가지고 있다는 것을 상정하고 또 당연히 요구하기 때문
이다. 만약 그렇지 않다면 사람들은 그들이 사회에 가입한 목적인
재산을 사회에 가입함으로써 잃게 되는 셈이 된다. 그것은 어떤 사
람이든 납득하기 힘든 터무니없는 일임에 분명하다. 그러므로 사
회에서 재산을 가지고 있는 사람들은 공동체의 법에 의해서 그들
의 것인 재물에 대해서 권리를 가지게 되며 어느 누구도 그들의 재
산이나 그 일부를 그들로부터 그들의 동의 없이 취할 수 있는 권리
를 가지고 있지 않다.

_ 존 로크, 강정인 · 문지영 옮김, 《통치론》, 까치, 2007.

《통치론》은 개인의 소유권 보호가 정부의 목적이고, 인간은 재산
을 보존하기 위해 사회에 들어갔다고 본다. 사람들은 재산의 소유와
보호를 '조건'으로, 그리고 그러한 목적을 위해 정부에 권력을 '신탁'
했다. 군주든 귀족이든 인민의 '동의' 없이 재산의 전부나 일부를 뺏
을 수 있는 권력을 갖지 못한다. 이런 의미에서 인민의 동의 없이 그
들의 재산에 세금을 부과해서는 안 된다고 주장한다. 《통치론》은 정
부가 인민의 생명, 자유, 재산의 권리를 보장하지 않는다면 물러나야
하며, 인민은 무력을 사용하여 정부에 저항해도 된다고 주장한다.

영국 의회는 미국 열세 개 주 식민지 의회의 동의 없이 식민지 주민들에게 세금을 부담시켰다. 식민지는 '대표 없는 곳에 과세할 수 없다'는 구호를 내걸고 저항했으며 결국 인지세법은 없던 일이 되었다. 식민지 의회가 인지세법 투쟁의 승리로 자신감을 갖게 된 것은 불문가지다. 영국과 식민지 사이의 관계는 '보스턴 차 사건'으로 분수령을 맞게 된다. '보스턴 차 사건'은 식민지 주민들이 수입 차에 매겨진 세금을 거부하고자 수입금지 운동을 벌이는 과정에서 발생했다. 1773년 12월 16일 밤 보스턴 시민들은 영국 배에 올라가 찻잎을 바다에 던져버렸다. 이 사건을 전해들은 영국 왕 조지 3세는 "주사위는 던져졌다"고 말했다 한다. 영국이 여러 법률을 새로 제정해 식민지를 압박하자 1774년 식민지는 대표들의 모임인 대륙회의를 갖고 영국인들과 국왕에게 항의 표시를 했지만 통하지 않았다. 이제 영국과 식민지는 돌아올 수 없는 강을 건넜다. 1775년 식민지는 군대를 조직하고 뒷날 미국의 초대 대통령이 되는 조지 워싱턴을 총사령관으로 임명했다. 그리고 이듬해인 1776년 7월 4일 독립선언을 한다. 물론 독립선언을 했다고 해서 식민지에 즉시 독립이 주어지지는 않았다. 식민지 미국은 영국과 전쟁을 치룬 끝에 독립을 선언한 지 7년째인 1783년 영국 식민지 중에서 최초로 완전한 독립을 쟁취했다.

　미국이 독립선언문을 발표한 7월 4일은 한국의 8월 15일 광복절과 의미가 통하는 미국의 독립기념일이다. 1776년의 대륙회의는 버지니아주의 토머스 제퍼슨, 펜실베이니아주의 벤저민 프랭클린, 매사추세츠주의 존 애덤스, 코네티컷주의 로저 셔먼, 뉴욕주의 로버트 리빙스턴 등 다섯 명을 독립선언문을 준비하는 위원으로 임명했는데, 그중에서 토머스 제퍼슨이 주도적 역할을 했다. 그가 만든 선언문은 약간의 수정을 거쳐 대륙회의에서 최종적으로 통과되었다.

　제퍼슨을 포함해 독립선언문에 서명한 사람들은 자신의 목숨을 내놓는 것이나 마찬가지였다. 독립이 성공하면 '미국의 영웅'이, 실패하면 '영국의 역적'이 될 운명이었다. 총 56명이 서명한 미국 독립선언문은 서명자의 안전을 위해 6개월 동안 공개되지 않다가 1777년 1월이 되어서야 비로소 공개되었다. 그 당시 대륙회의가 독립선언문을 토론하고 서명했던 펜실베이니아주 의사당은 독립기념관이 되었고 독립선언문 초고는 워싱턴의 국립 문서 창고에 보관되어 있다. 미국 독립선언문의 정신은 1789년의 프랑스 혁명, 1860년대 링컨 대통령, 1950~60년대 흑인 민권 운동가 마틴 루터 킹 목사 등에게 영향을 주었을 뿐 아니라 식민지 해방 운동을 벌이던 세계 각국에도 영향을 미쳤다.

　조지 워싱턴이 미국 '건국의 아버지'라면, 토머스 제퍼슨은 미국

'민주주의의 아버지'라고 할 수 있다. 독립선언문에 나타난 사상이나 그가 추구했던 정치가 그것을 말해준다. 제퍼슨은 길지 않은 변호사 생활을 그만두고 정계에 입문하여 버지니아주 의회 의원이던 시절에 독립혁명에 참여했다. 혀가 짧아 발음이 정확하지 않아서 평생 두 번만 할 정도로 연설을 싫어했으나 글재주는 뛰어났다. 독립선언문의 기초자로 선정된 이유도 그의 뛰어난 문장력 덕분이었다.

독립선언문의 정치사상은 《통치론》의 영향을 많이 받았다. 제퍼슨 스스로도 다른 사람의 영향을 받았음을 거리낌 없이 말했다. 다음은 그가 언급한 내용이다.

독립선언문의 모든 권위는 대화 속에서, 편지 속에서, 인쇄된 논평 속에서 표명된 것이건 아리스토텔레스, 키케로, 로크, 시드니 등의 공적 권위를 가진 기본서에서 표명된 것이건 간에 시대의 일치된 견해에 의존했다는 데 있다.

_스테파니 슈워츠 드라이버, 안효상 옮김,

《세계를 뒤흔든 독립선언서》, 그린비, 2005.

1790년 워싱턴 정부에서 국무장관을 지낸 제퍼슨은 1796년 대통령 선거에서 존 애덤스에 뒤져 부통령이 되었다. 애덤스와 제퍼슨은 연방정부와 주정부의 역할 및 관계에 대해 의견이 달랐다. 강력한 연방정부를 지지하는 애덤스와는 달리 제퍼슨은 주정부에 많은 권한을 넘겨주어 자치를 허용하고, 연방정부의 역할은 주로 외교에만 한정되어야 한다고 생각했다. 더불어 그는 시민이 직접 참여하는 정치를 이상적으로 생각했다. 시민 대표자들의 임기는 짧아야 하며 직접선거로 뽑아야 한다고 주장했다. 제퍼슨은 1800년 애덤스의 뒤를 이어 미국의 세 번째 대통령으로 당선되었고 1804년 재선되어 1809년에 대통령 임기를 마쳤다.

그의 대통령 시절 대표적 업적 중의 하나는 1803년에 프랑스 나폴레옹으로부터 루이지애나를 사 들인 일이다. 루이지애나는 미시시피강에서 서쪽의 로키산맥에 이르는 미국 중부 지역으로, 대륙의 동부에 한정되어 있던 미국은 이곳을 매입함으로써 영토는 두 배가량 넓어졌다. 또한 서부로 가는 길이 열리게 되어 미국의 본격적인 서부 개척시대가 시작되었다. 제퍼슨의 프런티어 정신이 빛을 발하는 시기였다. 제퍼슨은 자신이 만든 독립선언문이 발표된 지 꼭 50년째 날인 1826년 7월 4일 여든셋의 나이로 죽음을 맞이했다.

미국 독립선언문과 《통치론》의 관계는 표절 시비를 불러일으킬 정도로 비슷한 점이 많다. 제퍼슨이 쓴 독립선언문은 《통치론》의 사상뿐 아니라 표현조차도 닮았다. 《통치론》의 원래 제목은 'Two

Treatises of Government'로 굳이 번역하자면 '통치에 관한 두 개의 논문' 정도가 된다. 제목에서 알 수 있듯, 존 로크는 두 개의 논문을 묶어 한 권의 책으로 펴냈다. 첫 번째 논문을 '제1론', 두 번째 논문을 '제2론'으로 부르기도 한다. '제2론'이 '제1론'보다 중요하므로 일반적으로《통치론》하면 '제2론'을 말한다.

《통치론》은 독립적이고 평등한 개인들이 계약을 통해 시민사회에 들어가게 된 가장 중요한 이유는 '재산을 보호할 필요'였다고 본다. 성장하고 있던 부르주아 계급에게 재산 보호는 중요한 관심사였으며 로크는 소유권 보호를 자신의 사회계약론의 근거로 삼는다. 이런 점에서《통치론》은 상공업과 수공업으로 부를 늘리면서 국왕, 귀족, 지주 계급과 대립하던 근대 부르주아 계급의 이익을 대변했다고 볼 수 있다.

인민이 자신들의 재산을 보호하기 위해 법률을 만들 권한을 맡긴 입법부가 그 목적을 소홀히 하거나 위반하는 상황이 발생할 수도 있다.《통치론》은 입법부를 없애거나 변경할 최고의 권력은 인민에게 있다고 말한다. 입법부가 역할을 다하지 못한다면 독립적이고 평등한 개인들이 저항해 시민사회의 본래의 목적인 재산권 보호를 회복해야 한다고 주장한다. 한 사람에게 법의 집행이 맡겨져 있고 그 사람이 입법부에도 관여하는 경우(예를 들면, 절대군주제)는 그가 '법이 아닌 개인의 의지에 따라 행동하면 타락한 것'이므로 복종을 요구할 권리가 없는 '한 명의 개인'일 뿐이다. 최고 권력자가 법을 위반하면 복종할 필요가 없다. 신하였던 주나라 무왕이 임금인 은나라 주왕을 몰아낸 역성혁명을 지지했던 맹자의 입장과 비슷하다. 맹자도 백성을 돌보지 않던 은나라 주왕을 임금이 아니라 '한 명의 보통 남자'로 취급했다. 맹자는 로크보다 2,000여 년 전에 정의롭지 못한 권력은 바꾸어도 된다는 '혁명권'을 주장했으니, 혁명권 주장의 원조는 맹자인 셈이다.

《통치론》은 정부가 인민의 생명, 자유, 재산의 권리를 보장하지 않는다면 물러나야 하며, 인민은 무력을 사용하여 정부에 저항해도 된다고 주장한다. 상대방의 공격에 대항하기 위해서 방패만을 사용하거나 손에 칼을 들지 않은 채 공손한 자세로 서 있는 것은 전혀 도움이 되지 않는다고도 말한다. 인민의 혁명권을, 더 나아가 무력을 활용한 저항을 적극적으로 지지한다.

자신의 혁명권 지지 입장이 내분이나 내전을 불러일으킨다는 반론에 《통치론》은 역사를 들여다보면 답을 줄 것이라고 말한다. 요컨대, 정당성 없는 정부의 탄압이 내분이나 내전 상태를 만들었지, 인민의 불복종이 내분이나 내전을 불러오지는 않았다는 입장이다. 또한 인민은 웬만한 일에는 참다가 통치자가 오랜 기간에 걸쳐 나쁜 행동을 계속하면 인민이 무슨 일을 당하는지 확실히 느끼게 되는 순간에 들고일어난다고도 말한다.

독립선언문에는 《통치론》의 혁명권 사상과 인민의 동의 없는 세금 부과에 반대하는 정신이 녹아 있다. 독립선언문에서 식민지 열세 개 주는 다음과 같이 주장한다.

인류사에서 한 민족이 다른 한 민족과의 정치적 결합을 해체하고 세계의 여러 나라 사이에서 자연법과 자연신의 법이 부여한 독립, 평등의 지위를 차지하는 것이 필요하게 되었을 때, 인류의 신념에 대한 온당한 고려 속에서 분리할 수밖에 없는 여러 원인을 선언하지 않을 수 없다.

우리는 다음의 것을 자명한 진리라고 생각한다. 모든 사람은 평등하게 태어났으며, 조물주로부터 양도할 수 없는 권리를 부여받았다. 그 권리 중에는 생명, 자유, 행복의 추구가 있다. 이 권리를 확보하기 위해 인류는 정부를 조직했으며, 이 정부의 정당한 권력은 인민의 동의로부터 유래한다.

어떠한 형태의 정부이든 이러한 목적을 파괴할 때에는 언제든지 정부를 변혁 내지 폐지하여 인민의 안전과 행복을 가장 효과적으로 가져올 수 있도록 그러한 원칙에 기초를 두고 그러한 형태로 기구를 갖춘 새로운 정부를 조직하는 것이 인민의 권리이다. 오랜 역사를 가진 정부를 천박하고도 일시적인 이유 때문에 변경해서는 안 된다는 것을 인간의 현명함이 가르쳐주고 있으며, 인간에게는 이미 관습화된 형식을 폐지하면서 악폐를 시정하기보다는 그 악폐를 참을 수 있는 데까지 참는 경향이 있다는 것을 경험이 보여준다. 그러나 오랜 기간에 걸친 학대와 착취가 변함없이 동일한 목적을 추구하고 인민을 절대전제정치 아래 예속시키려는 계획을 분명히 했을 때에는, 이와 같은 정부를 타도하고 미래의 안전을 위해 새로운 보호자를 마련하는 것이 그들의 권리이자 의무인 것이다.

_스테파니 슈워츠 드라이버, 안효상 옮김,

《세계를 뒤흔든 독립선언서》, 그린비, 2005.


독립선언문이 주장하고자 하는 정신을 가장 잘 드러내는 구절이다. 또한 이 부분은 그 정신뿐 아니라 뛰어난 문장으로도 사람들 입에 자주 오르내린다. 모든 인간이 갖는 권리를 밝히고, 어떤 정부든 인민의 동의 없이 이런 권리를 해친다면 그 정부를 바꿀 권리가 있다는 '혁명권'을 주장했다. 영국은 식민지 의회의 동의 없이 식민지에 세금을 부과하고자 했으며 이에 식민지 열세 개 주는 '대표 없는 곳에 과세할 수 없다'는 구호를 내걸고 투쟁했다. 독립선언문에서 제퍼슨은 식민지의 동의 없이 세금을 부과한 영국 왕의 행위를 독립선언의 명분 중의 하나로 내세웠다.

　제퍼슨이나 《통치론》은 정치적 차원에서 부당한 권력으로부터 독립을 주장했다. 우리는 정치적 측면뿐 아니라 개인적 차원에서부터 자주 정신을 길러야 한다. 우리나라 역시 중국과 마찬가지로, 한 가정에 자녀가 많아야 한두 명이어서 그들은 중국의 '소황제'처럼 온실 속의 화초로 길러진다. 온실 속의 화초는 온실 안에서는 제 모습이지만, 온실을 벗어나면 적응이 쉽지 않다. 마찬가지로 온실의 화초로 자란 자녀들은 조금만 낯선 환경이나 어려움을 만나면 안절부절 못한다. 몇 년 뒤면 자녀들은 전쟁터 한복판에 서게 된다. 아니, 그들은 지금도 그들만의 전투를 치루고 있는지도 모른다. 과잉보호는 자녀에게 오히려 독이 된다. "광야로 내보낸 자식은 콩 나무가 되고, 온실로 들여보낸 자식은 콩나물이 된다"는 말에 귀 기울여야 한다.

　소황제가 자라면 '마마보이' 또는 '신데렐라 콤플렉스'에 빠진 여성'이나 '캥거루족'이 된다. 한국, 미국, 유럽의 젊은이들이 일자리를 찾지 못하여 성인이 된 후에도 부모에게 경제적으로 의지하는 사례가 점차 늘고 있다. 표현만 다를 뿐, 가히 캥거루족의 세계화 추세다. 비자발적 캥거루족과 원조 캥거루족의 차이는 독립 의지가 있느냐 없느냐에 달려 있다. 맹자의 표현을 빌리자면, 불능不能(여러 여건이나 능력상 할 수 없음)과 불위不爲(할 수 있는데도 하지 않음)의 차이이다.

비자발적 캥거루족은 사회의 구조적 모순과 관련 있다. 세계적으로 심화되고 있는 자본주의 경제의 위기와 국가정책, 문화의 영향이 맞물려 취업을 원해도 적절한 일자리를 찾을 수 없는 경우로 실업자 자신의 책임으로만 돌릴 수는 없는 문제다. 취업을 위해 발버둥치고 온갖 노력을 다해도 일자리를 구하지 못한다면 좌절감과 사회에 대한 분노만 쌓일 뿐이다. 일자리 창출은 전반적인 사회 시스템의 혁명적 수준의 변화를 통해 해결될 수 있다. 물론 사회의 구조적 모순과 관련 있는 비자발적 캥거루족도 문제지만 취업에 대한 적극적 의지가 없는 원조 캥거루족이 더욱 위태로운 존재다. 원조 캥거루족은 취업이 어렵다는 이유로 아예 경제 활동을 포기하고 부모에게 전적으로 의존한다. 자신의 문제를 스스로 해결하려는 기미는 보이지 않는다. 국가 관계에서와 마찬가지로 개인의 경제적 독립은 모든 독립의 근원이다. 부모의 경제력에 의존하는 자식은 모든 일에서 부모의 의지에 전적으로 종속될 수밖에 없다. 독립의지를 불태워서 경제적 자립을 이루어야 진정한 자유의 몸이 된다.

소황제로 자란 아이는 청년기뿐 아니라 중·장년기까지 부모에게 의지하는 사람으로 살아갈 가능성이 높다는 점이 가장 큰 문제다. 의존에 길들여지는 것이다. 모든 일이 그렇듯, 처음이 어렵지 그

다음은 관성이 법칙이 작용한다. 두 번째부터는 자존감이나 부채의식이 옅어진다. 독신으로 살면서 또는 결혼해서도 부모에게 의지하는 사람들이 많은 이유다.

어느 정도 경제적 위기와 맞물린, 부모의 경제력에 의존하는 세대만이 문제인 것은 아니다. 부부, 동료, 선후배를 비롯한 모든 인간관계에서도 상대방에 의지하려는 사람이 많다. 자신의 문제를 스스로 해결하려 하지 않고 다른 사람에 떠넘기려는 사람들이다. 쉬운 일만 자기 차지이고 어려운 일은 어떤 핑계를 대서라도 피하고 남에게 떠넘긴다. 이런 사람은 환영받지 못하며 불화만 조장하고 성장의 기회를 스스로 날려 보낼 뿐이다. 우리 모두는 '내 문제는 내가 전적으로 해결하겠다'는 독립선언문을 작성해야 한다.

살아남아라,
그것이 인생의 제일 명령이다

1980년 어느 날, 과학도를 꿈꾼 하버드 대학의 한국인 유학생 최재천이 아침을 맞았다. 그날의 아침은 그때까지 살아오면서 맞이했던 모든 아침과는 전혀 다르게 느껴졌다. 대학 시절 그리고 유학을 떠나온 그때까지 오랜 시간 고민의 나날이었다. 세상의 모든 것이 안개 속에 숨어 있어 답을 알 수 없었다. 유학을 간 지 얼마 되지 않아 영어 실력도 그다지 좋지 않았으나 한 권의 책을 점심때부터 읽기 시작해서 밤을 새워 읽었다. 이 책이 학창 시절에는 시인을 꿈꾸기도 하고 조각에도 빠졌다가 지금은 과학자로 살고 있는 최재천 이화여대 교수의 삶을 송두리째 뒤흔들어 놓았다. 한 권의 책으로 인생관, 가치관, 세계관이 하루아침에 바뀌는 짜릿한 경험을 했다. 세상 모든 것에 대한 답을 얻었다는 생각을 했다. 책을 읽기 전의 세상과 그 이후의 세상이 다르게 보였다고 할 정도이니 얼마나 큰 영향을 받았는지 짐작이 간다.

최재천(1954~ )에게 세상을 보는 새로운 눈을 뜨게 해준 한 권의 책은 케냐 출신 영국인 리처드 도킨스(1941~ )가 쓴 《이기적 유전자 The Selfish Gene》(1976)였다. 그는 《이기적 유전자》를 읽고 기쁨과 좌절을 함께 맛보았다. 이 책을 만나기 전까지 최재천은 삶의 여러 가지 의문에 대한 답을 찾기 위해 니체나 쇼펜하우어에 빠지기도 했다. 스님을 찾아다니며 답을 구하기도 했다. 그러나 《이기적 유전자》를 읽은 뒤 최재천은 유전자의 관점에서 세상을 명쾌하게 바라보게 되었다. 그는 '아, 이제야 찾았구나. 내가 그동안 쇼펜하우어로 갔다가 동양사상에 빠졌다가, 혼자서 애를 쓰면서도 못 찾았던 답을 드디어 찾았구나'며 희열에 몸을 떨었다.

하지만 최재천의 기쁨은 잠시였으며 곧바로 좌절감에 휩싸였다. 그는 '그래, 무엇 때문에 난 그렇게 애를 썼나? 저 사람은 무엇 때문에 저렇게 기를 쓰나? 모든 것이 유전자 때문인데, 유전자가 계획한 대로 움직이는 것뿐인데. 그럼, 지금 내가 사라져도 별 것 아니겠네? 세상은 유전자 덕에 탈 없이 유지될 테니'라는 생각을 하게 된다. 모든 것을 유전자가 사전에 결정한다면 아등바등 살 이유가 없다는 생각이 들었다. 최재천이 허무감에 빠져 인생에서 유일하게 자살까지 생각한 시기였다고 한다. 그는 '이러면 안 돼. 미국까지 공부하러 와서 드디어 내가 기다리던 기회까지 찾았고 이제 막 시동을 걸었잖아. 그 책이 말하려는 건 이게 아닐 거야'라고 생각하면서 자신의 입장에서 《이기적 유전자》를 재해석했다. 최재천은 '그래, 나는 아무것도 아니야. 지금 없어져도 세상에 아무런 변화를 일으킬 수 없는 그런 존재야. 그렇지만 그렇다고 해서 굳이 없어질 필요는 없다. 내가 존재하는 이유는 따로 있다. 이 세상에 태어났으니 나의 모든 상황에 온 힘을 다하고 즐기며 사는 것이다. 나에게 주어진 삶의 길을 아름답게 가면 된다'고 생각했다. 자살까지 생각할 정도로 고민한 끝에 최재천은 《이기적 유전자》의 내용과 삶의 의미를 다시 해석하면서 스스로를 일으켜 세웠다. 자기가 걸어갈 학문의 길을 찾았고, 삶의 태도에 대한 확실한 기준을 가지게 되었다.

최재천은 간혹 《이기적 유전자》를 읽고 방황하는 사람을 만나면, "분명 어려울 수 있다. 혼란을 가져다줄 수도 있다. 하지만 미리 결론을 내지 말고 그냥 한 번 더 깊게 들어가봐라. 달라지는 생각들을 피하지 말고, 관련된 것들을 더 읽고 더 생각해봐라. 어떻게 받아들이면 좋을까도 고민하지 말고 그냥 덤벼들어서 해봐라. 그러면 어느 순간 어떤 언덕을 넘어서는 듯한 느낌이 올 것이다. 좁은 동굴을 빠져나와 탁 트인 아름다운 들판을 내려다보는 그런 느낌. 뜻밖에 마음의 평정이 오는 것을 경험할 것이다"고 말했다. 자신에게 큰 충격을 주었던 도킨스를 2009년에 만나서도 같은 뜻의 말을 들려주었다.

도킨스의 생각은 최재천뿐 아니라 많은 독자에게 충격을 준 듯하다. 실제로 도킨스는 《이기적 유전자》에서 "내 첫 번째 책을 출판한 한 외국 출판인은 책을 읽은 후 사흘 밤이나 잠을 설쳤다고 고백했다. 그는 책이 주는 냉혹하고 암울한 메시지에 매우 괴로웠다는 것이다. 다른 독자들은 내게 어떻게 아침마다 아무 일 없다는 듯이 일어날 수 있느냐고 물었다. 어떤 외국의 교사는 한 여학생이 이 책을 읽고 인생이 허무하고 목적도 없다는 것을 알았다며 눈물을 글썽이면서 자기에게 찾아왔다고 내게 항의 편지를 보내왔다. 이 교사는 학생들이 허무주의적 염세관에 물들지 않도록 그 학생의 친구 누구에게도 이 책을 보여주지 말도록 충고했다고 한다"고 말하기도 했다.

《이기적 유전자》는 사람을 비롯한 모든 생물은 유전자가 만들어낸 '생존기계'이며, '로봇 운반자'라고 말한다. 이 말 속에 책 전체 주장의 핵심이 거의 다 들어 있다. 참 소름끼치는 표현이다. 다른 생물이야 그렇다 치고 사람도 기계이며, 로봇 운반자라니!

유전자는 부모가 자식에게 물려주는 특징을 결정짓는 유전 물질을 만들어내는 디엔에이DNA를 말한다. 유전자가 컴퓨터의 소프트웨어라면, 몸은 하드웨어에 속하는 기계다. 로봇 운반자는, 생물은 유전자에 의해 미리 프로그램 되어 있으며 생물의 몸은 다음 세대에 유전자를 전달하는 수단일 뿐이라는 의미를 나타내는 말이다. 유전자 자체는 영원히 죽지 않는 존재다. 진화는 어떤 유전자 수는 늘어나고, 어떤 유전자 수는 줄어드는 과정이다. 살아남는 데에 성공한 유전자는 피도 눈물도 없이 자기 이익만 챙긴 놈이다.

《이기적 유전자》는 유전자의 본질적 속성이 이기적이라고 말한다. 그러면 인간도 이기적일 수밖에 없는가? 도킨스의 대답은, 당연히 '그렇다'이다. 인간은 이기적으로 태어났으며, 관대함이나 다른 사람을 먼저 생각하는 이타주의는 교육으로 길러진다고 말한다. 원래 이기적으로 행동하도록 프로그램이 되어 있어서 이타주의를 학습하는 일이 쉽지 않다고도 한다. 여기까지가 《이기적 유전자》 주장의 전부라면, 희망은 어느 정도 가질 수 있다 하더라도 왠지 우울하다. 그러나 《이기적 유전자》는 우리에게 한 줄기 희망의 빛을 쏘아준다. 인간을 다른 생물과 같지 않은 특별한 존재로 인정한다. 인간이 기계나 로봇에서 벗어나 자기 뜻을 펼칠 수 있는 생물로 나서는 순간이다. 주인인 유전자로부터 노예인 인간의 해방선언인 셈이다. 이를 통해 인간 세상의 가능성과 희망을 들려준다. 인간은 문화를 갖는다는 점에서 특수한 존재라고 말한다. 도킨스는 인간의 생활 양식은 유전자보다는 '문화'에 의해 결정된다고 이야기한다. 인간은 학습을 통해 문화를 배우고 또한 다음 세대에 전달한다.《이기적 유전자》는 인간 사회에서 유전자와 같은 기능을 갖는 문화요소 또는 단위로 '밈meme'이라는 말을 제안한다. 영어의 '메모리memory(기억)'와도 관련 있는 그리스어 '미멤mimeme'에서 따왔다. 이를 유전자를 뜻하는 '진gene'과 발음도 비슷하면서 짧은 단어인 '밈'으로 만들었다. 밈은 도킨스가《이기적 유전자》에서 처음으로 만들어낸 말이지만《옥스퍼드 영어 사전》에도 올라 있다. 밈에는 곡조, 사상, 의복의 유행, 건축법 등이 있다. 밈은 유전자가 아니지만 모방을 통해서 뇌에서 뇌로 건너다닌다.

자연 세계에 유전자가 있다면, 인간 사회에는 밈이 있다.《이기적 유전자》는 진화의 수단이 유전자만이라고 주장하지 않는다. 인간 사회에서는 유전자가 아니라 밈이 유전자의 역할을 대신할 수도 있다고 본다. 유전자가 가치 있는 것은 자기와 똑같은 구조와 모습을 갖춘 생명체를 만든다는 데에 있다. 암컷, 수컷 호랑이가 유전자를 수단으로 자신을 닮은 새끼 호랑이를 만들 듯, 인간 사회의 유전자인 밈은 문화를 전달한다. 어떤 노래는 한 사람 두 사람 사이에서 유행하다 널리 퍼져서 많은 사람들이 흥얼거리게 된다. 어떤 유행가 밈은 오래 살아남을 수도 있고, 다른 유행가 밈은 쉽게 사라질 수도 있다. 언어, 의복과 음식의 유행, 의식과 관습, 예술과 건축, 기술과 공학 등은 매우 빠른 속도로 진화한다. 이 진화는 유전자와는 전혀 상관이 없지만 진보적인 성격을 띤다. 열렬한 다윈주의자인 도킨스가 인간을 대상으로 말할 때는, 유전자만이 진화의 기초라는 생각을 버린다.

유전자는 자신을 다음 세대에서 다시 만들어내는 능력이 있다. 부모의 유전자는 자식의 몸에서 되살아난다. 유전자는 죽지 않고 이어지는 것이다. 그러나 유전자가 사라지지 않는다는 말을 자신의 먼 후손까지 우리를 빼닮을 것이라고 이해해서는 안 된다. 유전자는 사라지지 않지만 오랜 시간이 흐르면 우리와는 너무 다른 후손이 태어날 것이다. 자신으로부터 시간이 멀어지면 멀어질수록 자신의 모습을 후손에게서 발견할 가능성은 낮아진다는 말이다. 하지만 피가 섞인 후손뿐 아니라 많은 사람들에게 잊히지 않는 밈을 남길 방법이 있다. 생명을 쉽게 포기하지 않고 자신의 장점을 살려나갈 때 우리가 죽은 뒤에도 오래 살아남을 길이 열린다. 다윈처럼 세계의 문화나 사상에 좋은 이바지를 할 수 있다면 그의 밈은 생명력이 강할 것이다. 설령 사회와 역사에 큰 그림자를 남기는 인물이 되지 못하더라도 자신의 온전한 생명을 누려야 주변 사람들에게 긍정적 이미

지를 심어줄 기회가 생긴다. 소중한 목숨을 스스로 포기한다면 가까운 사람들에게 안타까움과 고통만 남겨줄 뿐이다.

사상과 학문, 인간 사회에 생명력이 강한 밈을 남긴 사람을 꼽으라면 단연 찰스 다윈(1809~82)과 마르크스를 들 수 있다. 두 사람은 같은 시대를 살았는데, 마르크스는 다윈의 진화론을 대단한 성과로 칭찬했으며 많은 영향을 받았다. 다윈은 '있는 그대로의 세상'을 우리에게 보여주었다. 덕분에 인간은 신이나 조물주가 만든 세상이 아니라 자연 그대로의 모습을 알게 되었다. 그는 돈 버는 재주도 뛰어났다. 철도회사에 투자해 큰돈을 만지기도 했고 책을 써서 돈을 벌기도 했다. 경제적 안정으로 그는 연구에만 몰두할 수 있었다. 연구 끝에 진화의 증거를 발견하고도 다른 사람이나 사회의 눈을 의식해 책의 출판을 미루기도 했다. 지동설을 주장하다 종교적 탄압을 받았던 갈릴레이의 예를 마음에 새기고 있었기 때문이다.

다윈만 진화 사상을 갖고 있지는 않았다. 다윈과 편지를 주고받던 영국의 생물학자인 앨프리드 월리스(1823~1913)도 다윈의 진화론과 같은 결론에 도달했고 이를 증명한 논문을 다윈에게 보냈다. 이후 다윈은 아직 발표하지 않았던 자신의 논문과 월리스의 논문을 학회에 공동으로 발표하였다. 다윈도 이제 제2의 갈릴레이가 될 걱정에 몸을 사리고 있을 형편이 못 되었다. 그 동안 모은 자료와 논문을 정리하며 본격적으로 집필 작업을 시작했다. 진화론을 정립하는 데에 중요한 기회였던 비글호 항해가 끝나고 23년 뒤인 1859년에 나온《종의 기원》은 출간되자 마자 다 팔렸다.

다윈 진화론의 성과는 다음과 같다. 첫째, 현재 존재하는 동물이나 식물이 처음부터 지금의 모습으로 창조된 것이 아니라 초기의 형태에서 천천히 진화된 것이라는 증거를 제시했다. 둘째, 다른 생물이나 같은 생물 안에서도 생존경쟁을 통해 환경에 가장 잘 적응하는 놈이 '자연선택'되어 진화한다는 사실이다.

'자연선택'은 다윈 진화론의 핵심개념으로 '인간의 선택'과 구별하여 이해하면 된다. '인간의 선택'은 개나 소와 말을 키우면서 인간 자신의 이익을 위해서 가축의 품종개량을 한 행동을 말한다. 가령, 인간은 몸집이 큰 소나 잘 달리는 말을 인위적인 교배를 통해 만들어왔다. 반면에 자연선택은 아무런 의지나 목적도 없는 자연 환경이 개체를 선택한다는 의미다. 인간의 선택과는 비교도 안 될 정도로 우수하며 오직 생물의 이익을 위해서만 자연선택은 이루어진다.

도킨스는 최재천과 마찬가지로 진화생물학자이며 다윈의 계보를 잇는 학자로 세계적으로도 이름이 높다. 그가 쓴 책으로는《현실, 그 가슴 뛰는 마법》,《눈먼 시계공》,《만들어진 신》등이 있다.《이기적 유전자》는 도킨스가 서른다섯 살이던 1976년에 출판되었다. 출판된 지 30여 년이 지났지만 도킨스는 책의 내용을 조금도 수정하지 않았다. 그만큼 확신을 가지고 쓴 책이기 때문이다.

《이기적 유전자》의 주인공은 책 제목에도 나와 있듯 유전자다. 그것도 피도 눈물도, 인정사정도 없이 오직 저만 아는, 철저히 이기적인 유전자가 주인공이다. 이기적 유전자의 목적은 '어떻게든지 살아남아 다음 세대에 자신을 물려주는 것'이다.《종의 기원》이 다윈의 진화론에 관한 책이라면,《이기적 유전자》는 다윈 진화론의 도킨스 버전이다.《이기적 유전자》는《종의 기원》과 다른 이론을 내세우지 않는다. 다만 유전자의 관점에서 자연과 인간을 바라본다.

다윈은 환경에 가장 잘 적응하는 개체가 자연선택되어 자손을 남기며 진화한다고 주장했다. '종種, Species'과 '개체個體, Individual'는, 각각 '호랑이 집단'과 '한 마리의 호랑이'로 예를 들어 설명할 수가 있다. 진화론에서 자연선택을 보는 관점에는 개체의 관점과 유전자의 관점이 있다. 다윈은 개체의 관점에, 도킨스는 유전자의 관점에서 있다. 두 관점의 차이는 자연선택되는 주인공을 '한 마리의 호랑이'로 보느냐 아니면 '호랑이 한 마리의 유전자'로 보느냐에 달려 있다. 보다 정확하게 표현하자면, 도킨스의 주장은 모든 진화는 '유전자의 이익'을 위하여 진행된다는 관점이다. 또한 다윈과는 거리가 멀지만 진화론의 옷을 걸치고 있는, 집단선택설을 주장하는 학자도 있다. 집단선택설은 호랑이 한 마리의 유전자나 호랑이 한 마리가 아니라 호랑이 '무리 전체의 이익'을 위해 진화한다는 입장이다. 다윈과 도킨스와 집단선택설의 차이는 자연선택이 무엇을 위해서 이루어지느냐 하는 점이다. 다윈은 개체의 이익, 도킨스는 유전자의 이익, 집단선택설은 집단이나 종의 이익을 위해서 자연선택이 이루어진다고 주장한다.

잊을 만하면《이기적 유전자》의 여러 곳에서 독자에게 한 번씩 주의를 주는 것이 있다. '유전자의 이익'이라고 말할 때, 유전자가 의지나 목적을 가지고 있는 것으로 이해하면 안 된다는 점이다. 이해하기 쉽게 유전자를 세대에서 세대로 이어가면서 살아남으려는 존재로 말하지만 사실은 유전자는 어떤 의도도 가지고 있지 않다. 진화의 과정에 신의 뜻을 포함하여 어떠한 의지도 끼어들지 않는다고 보는 점에서 다윈과 도킨스는 정확히 의견이 일치한다. 단지 '자연의 선택'을 받는 주체가 개체냐 유전자냐의 차이만 있을 뿐이다.

《이기적 유전자》에는 도킨스의 주장을 전체적으로 이해할 수 있는 좋은 예가 나온다. 새는 어떤 종류든 그 종에 고유한 수의 알을 낳는 경향이 있다고 한다. 예컨대, 바다오리는 한 번에 한 개, 칼새는 세 개, 박새는 여섯 개 정도 알을 품는다. 우리는 간단하게 알의 개수가 많으면 많을수록 좋지 않나 생각할 수도 있다. 알의 개수가 많으면 좋은 점도 있지만 대가를 톡톡히 치러야 한다. 보다 많은 알을 만들기 위해서는 보다 많은 먹을 것과 에너지가 필요하다. 새끼가 태어났을 때는 그 만큼 많은 먹이를 물어다줘야 한다. 알의 수가 많다고 무작정 좋지는 않은 것이다. 그렇다고 너무 적어도 새끼들이 생존할 확률이 낮아져서 문제다. 그래서 알의 수는 너무 많거나 너무 적어서도 안 된다. 어떤 환경이든 어떤 종이든 가장 적당한 알의 수가 있으며, 그러한 알의 수는 유전자의 영향을 받고 있다고 생각할 수 있다. 최종적으로 키울 수 있는 '꼭 맞는 수'의 새끼가 있을 것이다. 칼새의 가장 적당한 알의 수가 세 개라면, 네 마리의 새끼를 키우려는 놈은 세 마리를 키우려는 놈보다 새끼가 살아날 가능성이 낮다. 먹이의 양이 부족하기 때문이다. 따라서 가장 적당한 알의 수를 낳게 하는 유전자를 가진 놈만 살아남아 자식에게 자신의 유전자를 전할 수 있다.

《이기적 유전자》는 21세기 어느 시점에 세상이 망한다고 예언하거나 인간 사회도 유전자가 모든 것을 결정한다고 주장하지 않는다. 자연계에서는 유전자가 절대적 영향력을 발휘하지만 인간 사회는 유전자가 아니라 밈을 통해 얼마든지 진보가 가능하다고 본다. 또한 인간을 이기적인 존재로 가정한다 해도, 눈앞의 이익이 아니라 미래의 이익을 먼저 생각할 능력이 있다고 생각한다. 인간은 우리를 낳아준 이기적 유전자뿐 아니라 이기적 밈에 대항해서도 싸울 힘이 있다는 것이다. 그래서 《이기적 유전자》는 유전자의 기계로 만들어졌고, 밈의 기계로 자라난 인간이지만 이 지구에서 유일하게 인간만이 이기적 유전자와 밈에 대항하여 반역할 수 있다고 말한다. 인간 사회는 자연세계보다 훨씬 빠른 속도로 진화하고 있다는 점도 인정한다. 자연세계와 인간 사회의 진보를 믿는 도킨스는 뼛속까지 진화론자다.

인간을 포함한 모든 생물의 생존과 생존방식의 법칙을 이야기하는 진화론은 생명체의 발전 과정에 관한 과학이라고 말할 수 있다. 모든 생물은 변화해왔으며 변화할 가능성이 열려 있다. 변화와 발전의 기회는 당연히 생명을 가지고 있어야 주어진다. 종교적 차원이 아니라면 모든 인간은 생명이 다하면 그의 정신적, 육체적 의미는 스러진다. 물론 여기에서 후손을 남기거나 언행을 통해 후세에 발자취를 남기는 경우의 의미를 부정하려는 의도는 전혀 없다. 단지 생명과 생존을 너무 쉽게 포기하는 세상의 한 단면을 문제 삼을 뿐이다.

요즈음, 아직은 기회가 많이 남아 있는 우리 자녀들이 성적을 비관해서 또는 친구들과 관계가 힘들다는 이유로 소중한 목숨을 버리는 안타까운 소식을 종종 접한다. 또한 우리에게 잘 알려진 사람들이 자살하는 소식을 듣기도 한다. 당사자가 아니라면 목숨을 버릴 만한 고통을 다른 사람은 다 알지 못한다는 점은 인정한다. 하지만 그 고통의 순간에서 잠시 빠져나와 자신의 모습을 다시 들여다보면 가볍게 생각해버릴 수 있는 일에 목숨까지 걸었던 자신을 발견하게 된다. 때로는 시간이 약이 된다. 시간의 흐름에 몸과 마음을 맡겨놓다 보면 어느새 문제는 저절로 해결되는 경우가 많다.

또한 살아가면서 자신의 한계는 미리 정해놓되 스스로의 장점을 바라보는 것이 현명하다. 우리는 모든 것을 다 잘할 수 있는 존재는 아니다. 만능인은 만화나 드라마에서나 만날 수 있다. 인간은 저마다 장단점이 있기 마련이다. 어떤 사람은 돈 버는 재주가 있어 많은 재산을 모았지만 성격이 모질어서 주변에 터놓고 말할 사람이 없을 수도, 어떤 사람은 그 반대일 수도 있다. 숲 속의 새 두 마리보다 내 손 안에 있는 한 마리가 낫다는 말이 있다. 자신에게 없는 것을 굳이 가지려고 발버둥 칠 때 불행해지고 극단적인 선택을 하게 된다. 누구나 한계가 있기 마련이라고 생각하고 남들은 갖지 못한 자신의 장점을 볼 수만 있다면 모든 일을 어느 정도 편안하게 받아들일 수 있다.

강한 자가 살아남는 것이 아니라 살아남는 자가 강하다. 보통사람이라면 참지 못할 고통을 이겨내고 살아남겠다는 결심을 하는 일이 스스로 목숨을 버리거나 자포자기하는 것보다 더욱 어렵다. 힘들고 뜻대로 되지 않는 일이 많은 세상살이에서 설령 한 번 실패를 맛보았다고 하더라도 살아남아야 패자부활전을 치를 기회가 찾아오는 법이다. 생명은 그 무엇과도 바꿀 수 없다. 살아남는 것은 생명을 가진 자의 의무이고 권리다.

스스로 성취하는 것만이
자신의 것이다

1805년 스위스의 한 초등학교 지리 수업 시간의 정경이다.

특히, 지리의 기초학습은 뛰어난 것이었다. 우리들은 들로 나간다. 우리들은 이벨당 부근을 흐르는 뷰른 강을 거슬러 계곡에 이른다. 거기에서 관찰을 하는 것이었다. 거시적으로든, 미시적으로든 직관을 가지고 관찰을 한다. 그리고 다음에 계곡의 저쪽 건너에 있는 점토층에 건너간다. 가지고 간 종이에다 이 점토를 싸 가지고 학원에 돌아온다. 돌아 온 뒤에는 이 점토로 오늘 관찰한 계곡의 모형을 만들라는 지시를 받는다. 다음 날에는 같은 계곡을 좀

더 높은 곳에서 관찰한다. 이러한 소풍을 계속하며 이벨당 분지의 연구를 깊이 하면서, 이것을 점토로 모형화하는 작업이 진행된다. 그리고 마지막으로 이 분지를 완전히 내려다 볼 수 있는 유라의 고지에 올라가 매듭을 짓는 것이었다. 드디어 모형도 완성된다. 이때부터 비로소 우리에게 지도가 주어지면, 지도를 올바르게 읽는 법을 우리는 알게 된다.

_김정환, 《페스탈로치의 생애와 사상》, 박영사, 2008.

학생들이 전혀 이해하지 못하는 지식을 암기하도록 하지 않고 스스로의 경험을 통해 원리를 터득하는 학습을 진행하는 학교가 지금부터 200여 년 전에 있었다니 꿈같은 이야기다. 이 학교의 교사이자 관리자는 '인류의 스승'이라 불리는 스위스의 페스탈로치(1746~1827)였다. 페스탈로치의 교육 방법에 감동 받은 독일에서는 학생과 교사를 스위스로 유학 보냈다. 이때부터 이미 스위스는 교육 강국이었던 셈이다.

《에밀Emile》(1762)은 프랑스의 계몽사상가인 장 자크 루소(1712~78)가 소설 형식을 빌려 교육 방법 및 체계를 주장한 책으로 주인공인 에밀의 연령대에 따라 5부로 구성되어 있다. 에밀은《에밀》속 가상의 학생으로 남자이며 고아다. 루소가 에밀을 고아로 설정한 이유가 궁금하다. 당시 아이들 대부분이 부모의 가정교육을 받지 못하고 고아나 마찬가지 취급을 받으며 자란다고 생각했을까? 아니면 자신도 고아나 마찬가지였고 자신의 자식을 고아원에 맡긴 그가 고아라 해도 좋은 스승을 만나면 인간의 의무를 다할 수 있다고 생각했을지도 모르겠다.

에밀은 자연 그대로의 모습으로 교육을 받는다. 자연이라 함은 아이들의 본성을 말하며, 성장 단계에 따라 다르다. 웃고, 울고, 뛰노는 신체적 본능이 중요한 때, 이성에 눈 뜨는 시기, 기술이나 도덕 교육이 필요한 때가 따로 있다. 에밀은 '에밀 자신으로만 대해지며 에밀의 인생은 부모나 교사가 아닌 스스로의 것'이라는 교육을 받는다.

책 속에 등장하는 에밀의 교사는 다음과 같은 교육 철학을 가지고 있다.

당신의 아이에게 자연 현상에 주의를 기울이게 하라. 그러면 당신은 곧 그를 호기심 많은 아이로 만들 것이다. 그런데 그의 호기심을 더욱 지속시키기 위해서는 절대로 서둘러 그 호기심을 만족시키지 말라. 그의 능력 범위 안에서 문제를 내고, 그것을 그 스스로 풀게 하라. 당신이 그에게 이야기해 주어서가 아니라 아이 스스로 이해함으로써 배우도록 하라. 다른 사람의 지식을 배우게 하지 말고 그가 만들어 내도록 하라. 만일 당신이 그의 정신 속의 이성을 권위로 대치하면, 그는 더 이상 이치를 따지려 하지 않을 것이다. 그는 타인의 사고의 노리개가 될 뿐일 것이다. 그 아이에게 지리학을 가르치고 싶다고 하자. 당신은 그에게 지구의와 천구의·지도를 구해줄 것이다. 얼마나 많은 도구인가! 왜 모두 상징물이나 그림만 보여주어야 하는가? 당신이 무엇에 대해 이야기하는지를 그가 알도록 하기 위해, 당신은 왜 대상 그 자체를 보여주는 것부터 시작하지 않는가?

_장 자크 루소, 김중현 옮김, 《에밀》, 한길사, 2005.

《에밀》에서 교사는 감각과 경험이 지식의 원천이라는 믿음을 갖고 있다. 에밀은 보고 듣는 모든 것을 통해 스스로 자극받고 자신의 이성으로 우뚝 설 수 있도록 교육받는다. 교사는 아이가 가지고 있는, 스스로 발전할 수 있는 능력을 일깨우고 안내하는 사람일 뿐이다. 에밀에게 일방적으로 무언가를 주입하지 않으며 단지 에밀의 성장 단계에 맞춰 필요한 도움을 줄 뿐이다. 교사는 교훈을 미리 제시하지도 않으며 에밀 스스로 그것을 발견하도록 한다. '고기를 잡아 매운탕을 끓여주지 않고, 스스로 고기 잡는 방법을 익히게 하는' 교육방법이다.

페스탈로치는 농촌에서 자연을 벗 삼아 아들을 기르고 학교도 운영했다. 신체를 단련시키고 자연에서 살아 숨 쉬는 교육을 하고자 했다. 알아듣지도 못할 내용을 암기하게 하는 학습은 시키지 않았다. 함께 일하는 교사들에게는 기회가 있을 때마다 "다른 학교와 마찬가지로 개를 길들이듯 아이들에게 주입하지 말라"고 강조했다.

페스탈로치는, 지식은 감각에서 이성을 활용하는 단계로 발전한다고 보았다. 학습자가 직접 감각적으로 경험하는 일이 배움의 터전이라고 믿었다. 예컨대, 페스탈로치는 학생들과 함께 강과 계곡을 관찰하고 돌아와 점토로 계곡의 모습을 만드는 지리 수업을 했다. 몇 번을 다녀와서 모형도를 만들게 하여 학생들이 지도 보는 법을 자연스럽게 익히도록 했다.

페스탈로치는 교육 강국인 스위스의 취리히에서 태어났다. 한 평생, 교육을 통해 사회를 변화시키고자 실천했던 그는 어딘지 동양의 공자와 닮았다. 두 사람은 단지 이론을 주장하는 데에 그치지 않고 몸소 제자들을 가르치고 세상을 바꾸고자 노력했다. 공자는 세 살에, 페스탈로치는 여섯 살에 일찍 아버지가 죽은 점도 닮았다. 둘 다 아버지가 재산을 많이 물려준 것도 아니어서 경제적으로 힘든 생활을 했다. 페스탈로치는 목사가 되려고 신학을 공부하다 생각을 바꿔 법학을 전공했다. 현실에서 자기가 할 수 있는 일을 찾고자 한 선택이었다. 나중에는 법률 공부도 집어치우고 교육가 삶을 살게 되었다.

《에밀》은 출판되자마자 많은 사람의 공격을 받았다. 루소는 학자들과 국가로부터 '공공의 적' 신세가 되어 고향인 제네바로 도피했다. 스위스 정부가 루소에게 추방령을 내리자, 학생과 시민들은 반대 시위를 벌였는데 이 사건에 그 당시 열아홉 살이던 페스탈로치도 관련되었다. 그는 3일 동안 경찰서 신세를 졌고, 앞으로 반정부 운동에 가담하면 추방된다는 선고를 받기도 했다. 스물다섯 살의 페스탈로치는 법률 공부를 포기하고 농촌으로 가 농장과 가난한 집안의 자녀를 모아서 학교(빈민학교)를 운영하기도 했다. 학교의 아이들은 천을 짜고 농작물도 기르며 학습했다. "아이들이 미래에 안정된 생활을 할 수 있게 교육시켜야 한다. 빈민학교는 생산과 관계가 있어야 한다. 빈민의 자녀는 자선을 받아서는 안 되며, 노동을 배워야 한다"는 그의 말에서도 알 수 있듯이 페스탈로치는 미래에 스스로의 힘으로 살아갈 수 있는 능력과 희망을 아이들에게 심어주고자 했다.

에밀도 손을 사용하여 물건을 만드는 장인교육을 받는다. 다음은 《에밀》의 한 부분이다.


당신은 현재의 사회 질서를 신뢰한다. 그것이 불가피한 변혁을 면

할 수 없다는 사실을, 또한 당신의 아이와 관련될 수 있는 변혁을 당신으로서는 예측할 수도 예방할 수도 없다는 사실을 생각지도 못한 채 말이다. 귀족이 하인이 되고, 부자가 가난한 자가 되며, 군주가 신하가 된다. 그런 운명적인 사건은 너무도 희귀해서 당신은 그런 사건에 말려들지 않을 것으로 생각하는가? …… 모든 신분 중에서 운명과 타인의 지배로부터 가장 독립적인 것은 장인 신분이다. 장인은 그의 일에만 종속될 뿐이다. 그는 농부가 속박 받는 것과는 반대로 자유롭다. 왜냐하면 농부는 그의 논밭에 매여 있으며, 그 수확은 타인이 처분하기 때문이다. 적이나 왕, 힘 있는 이웃, 소송 등이 그의 논밭을 빼앗아갈 수도 있다. 그 논밭 때문에 사람들은 많은 방법으로 농부를 괴롭힐 수 있다. 하지만 장인은 어디에서든 자신을 괴롭히려는 사람이 있으면 곧바로 짐을 싼다. 그는 일손을 거두고 그곳을 떠나버린다.

_장 자크 루소, 김중현 옮김, 《에밀》, 한길사, 2005.


변화무쌍한 세상에서 자급자족 능력과 자립심을 갖출 수 있는 최상의 무기로 장인교육을 주장한다. 장인의 기술을 갖고 있다면 예상치 못한 곤경에 처하더라도 다른 사람과 운명의 지배에서 벗어나 자기 밥벌이는 하며 자유롭게 살 수 있다는 믿음이다.

　　1789년에 일어난 프랑스 혁명은 스위스에도 소용돌이를 일으켰다. 혁명 이후 격동기에 집권한 나폴레옹이 보낸 군대가 스위스를 점령했다. 스위스를 점령한 프랑스는 독립적인 열세 개 주가 결합한 연방국가 형태를 유지하고 있던 스위스에 중앙집권적인 공화국을 세웠다. 이에 반발하는 지역에서는 프랑스 군대가 총격을 가해 많은 사람이 죽었다. 그러자 페스탈로치는 돌볼 곳 없는 희생자 자녀들을 위한 고아학교를 운영하게 되었다. 고아학교를 운영할 당시를 이야기하는 글에서 "우리는 한 그릇의 밥도 나눠 먹었고, 한 그릇의 물도 나눠 마셨다. 나에게는 가정도 친구도 조수도 없었다. …… 나는 항상 병에 전염될 위험한 처지에 있었다. 그러나 나는 거의 손도 대지 못할 정도로 더러운 그들의 옷과 몸을 돌보아주었다"고 말했다. 하지만 이 고아학교도 오래지 않아 문을 닫았다. 프랑스 군대가 학교가 들어선 땅에 병원을 짓겠다고 했기 때문이다. 그 후 페스탈로치는 몇 개 학교에서 교사를 하기도 했고, 학교나 빈민학원 등을 세워 운영하기도 했지만 만년이 되자 젊었을 때 살았던 집으로 돌아갔다.

　　페스탈로치의 교육사상에 영향을 준《에밀》의 저자 루소는, 어머니가 그가 태어난 지 10일 만에 죽자 아버지와 고모의 손에서 자랐다. 하지만 그가 열한 살이던 무렵, 시계공이었던 아버지가 사소한 싸움 끝에 처벌을 피해 제네바를 떠나자, 남겨진 루소는 고아 아닌 고아 신세가 되었다. 루소는 외삼촌과 목사의 집에 맡겨졌으나 그리 행복하지 못했다. 게다가 제네바를 떠난 아버지가 루소를 그대로 남겨둔 채 재혼했으니 그의 소년기 불행은 끝날 기미가 보이지 않았다. 그 무렵 조각가의 집에서 기거하며 맞기도 하면서 힘들게 지내던 그는 아버지가 재혼한 2년 뒤, 조각가의 집에서 도망쳐 방랑생활을 시작했다.

루소는 정규교육을 받지 못했으며 여러 분야를 독학했다. 다섯 명의 아이를 낳기도 했지만 모두 고아원에 맡겼다. 아버지가 자신을 버렸다고 괴로워했던 루소 자신도 아버지의 길을 따라간 셈이다. 아이에게 가르칠 단 하나의 학문은 '인간으로서 의무'라고 말했던 루소는 두고두고 죄책감에 시달렸다.

페스탈로치의 조국 스위스는 인구 대비 노벨상 수상자가 세계 제1위인 작지만 강한 나라다. 국토 면적은 한국의 절반도 안 되고, 인구는 서울 인구보다 훨씬 적은 약 790만 명이다. 한국과 마찬가지로 자연자원이 부족하지만 2011년도 1인당 국민소득이 8만 달러 이상이었다. 한국은 같은 해, 2만 달러를 조금 넘었다.

스위스와 한국은 교육 강국이다. 좁은 국토와 부족한 자연자원의 약점을 우수한 인적자원의 힘으로 극복했다. 하지만 두 나라의 교육 속사정은 완전히 다르다. 스위스는 유학온 학생들로, 한국은 유학을 떠나는 학생들로 넘친다. 스위스는 유학으로 돈을 벌지만, 한국은 유학으로 돈을 쓴다. 미국의 오바마 대통령이 종종 한국 교육을 칭찬한 사실에 취하면 곤란하다. 칭찬의 대상은 한국의 교육 제도나 시스템이 아니라 한국 부모의 높은 교육열이기 때문이다.

지금부터 250년 전에 출판된《에밀》을 읽다보면 루소가 예언자로 느껴진다. 현재의 한국 교육현장을 직접 경험해 문제점을 분석하고 해결책을 제시한다는 착각이 든다. 시대와 공간을 초월한 진리를 담고 있기 때문이다. 고전이 고전인 이유가 바로 여기에 있다. 고전은 시간과 공간이라는 장애물을 뛰어넘어 살아남는다. 물론 사회·경제·문화적인 차이로 적절치 않은 주장도 있지만, 그 책에 담긴 가치가 크게 훼손되지는 않는다.

자신의 판단력을 키우지 못한 채, 온갖 지식들을 쑤셔 넣기 바쁜 우리 아이들을 본다면 루소는 기절초풍할지도 모르겠다. 그가 주장한 것과는 거의 정반대 모습일 테니까. 에밀과 마찬가지로 한국 사회의 자녀도 철저한 '보호'를 받으며 자란다. 단지 무엇으로부터 보호받느냐가 다를 뿐이다. 에밀은 '아이를 죽이는 교육'으로부터, 우리 자녀는 친구·운동장·스스로의 판단력 등으로부터 보호받는다. 에밀은 뼈와 살을 굳건히 하고 자신의 이성으로 판단할 수 있는 힘을 키워나간다. 우리 자녀는 온실 속의 화초처럼 과잉보호되어 스스로 판단할 능력을 잃어버리고 벽돌공장에서 찍어낸 벽돌이 되어 간다. 대량생산의 장점인 표준화의 혜택을 입어 취미도 옷차림도 심지어는 생각도 엇비슷한 아이들로 넘쳐난다.

《에밀》은 자녀와 부모가 함께 읽으면서 생각을 주고받을 만한 책이다. 자녀는 에밀처럼 교육 받기를 원하면서 혁명선언을 할 위험이 있지만, 부모는 공감하면서도 현실에서는 실천하기가 쉽지 않아 속이 탈 것이다. 《에밀》의 교육철학을 수용하면 자녀는 스스로의 감각과 이성으로 판단할 힘을 기르게 되고, 부모는 자녀를 대상이 아니라 주체로 대하는 계기가 될 것이다.

《에밀》의 영향을 받은 페스탈로치 교육의 가장 중요한 원칙은 가능한 한 모든 것을 아이들의 성장 단계를 감안해 그것에 맞추는 것이다. 느리더라도 아이들의 발달 과정을 확실하게 하자는 입장이다. 가르치는 사람은 아이가 스스로의 감각과 이성으로 배우고 익히도록 돕는 안내자일 뿐이다. 그러나 한국 사회 부모들의 가장 중요한 원칙은 가능한 한 모든 것을 빨리 달성하는 것이다. 속성주의자라는 오명을 감수하면서까지 자녀가 제대로 이해하지 못해도 임의로 설정된 목표에 빨리 도달시켜야 직성이 풀린다.

페스탈로치는 중학교 1~2학년 때 '고등수학'을, 3학년에 '수학Ⅰ'을 떼라고 하지 않는다. 아이의 경험과 이성의 발달 수준에 맞춰 교육시키며 다른 사람이 아닌 자신의 이성으로 판단할 줄 아는 사람으로 교육시키고자 한다. 페스탈로치의 교육 사다리는 건너뛰기가 허용되지 않으며 스스로의 힘으로 한 칸 한 칸 올라가야 한다. 페스탈로치는 학생을 일방적으로 길들여야 하는 애완동물 정도로 취급하지 않는다.

서울대학교 학생을 대상으로 한 어떤 설문조사에 따르면 선행학습과 복습 중 복습 위주로 공부했다고 대답한 학생이 84퍼센트나 됐다. 복습과 예습의 비율을 90대 10의 비율로 했다는 대답이 37퍼센트로 1위를 차지했다. 복습에 치중했던 이유를 물었더니 '복습을 해야 배운 것을 명확하게 알 수 있고, 완전한 내 것으로 만들 수 있기 때문'이라고 답한 학생이 압도적으로 많았다. '선행학습을 하면 수업이 재미도 없고 집중하기 힘들었다'고 대답한 학생도 적지 않았다. 대부분의 학생은 선행을 하더라도 교과서를 한 번 죽 읽는 정도면 충분하다고 답했다.

여기에서 선행학습 무용론을 주장하려는 것은 아니다. 학습의 자발성과 성취도가 매우 높은 학생이라면 선행학습은 의미가 있다. 선행학습으로 개념과 흐름을 이해하고 다시 복습으로 다진다면 학습효과는 크다. 문제는 소화능력이 떨어지는 사람이 아무 생각 없이 우겨 넣기만 하는 경우다. 한 번 듣거나 슬쩍 본 것만으로 제대로 알고 있다는 착각에 빠지는 선행학습은 안 하느니만 못하다. 일반적으로 선행학습은 타의에, 복습은 자의에 따른다. 선행학습은 부모나 누군가가 시켜서 하고, 복습은 스스로 결정하여 눈·귀·손·뇌를 수고롭게 한다. 서울대학교 학생 대상 설문 결과는 이미 배운 것을 스스로 익혀서 확실한 자기 것으로 만드는 자기주도학습의 중요성을 말해준다. 과도한 선행학습은 모래, 복습은 찰흙이 된다.

학생 시절, 특히 초·중·고등학교 때 꼭 공부만이 아니라 무엇이라도 스스로의 힘으로 성취한 경험이 있느냐 없느냐가 중요하다. 학과 공부 학원을 다니든 건강 및 취미 활동을 하든, 여기저기 기웃거리기만 하는 메뚜기나 철새가 되어서는 안 된다. 한 가지를 하더라도 꾸준히 하는 습관을 기르고 그 과정에서 성취감을 느낄 수 있는 기회를 가져야 한다. 성취감이 큰 경험일수록 잠재되어 있는 자신감도 커지겠지만, 그렇다고 엄청난 성취감을 느껴야만 될 이유는 없다. 차라리 한 번의 커다란 성취 경험보다 여러 번의 경험이 더 낫다. 작은 성공이 자꾸 쌓이면 자신은 잘될 운명을 타고난 사람이라는 생각까지 가지면서 성공의 내면화에 이르게 된다. 그런 의미에서 성공의 경험을 차곡차곡 쌓는 일이 중요하다. 그러한 경험은 학창시절이나 인생살이에서 어려운 상황에 닥쳤을 때 무엇과도 바꿀 수 없는 비상약이 된다. 예컨대, '다른 친구는 3개월 하고 말았는데

나는 중학교 1학년 때부터 3년간 축구 클럽 활동을 했지. 2학년 때 클럽 대항 준결승전에서 골키퍼인 내가 결정적인 슛을 막아서 결승까지 진출했어. 그래, 나도 맘먹으면 잘할 수 있는 놈이야. 이까지 것 축구할 때 심정으로 한 번 부딪혀보는 거지 뭐'라는 식으로 자신을 추스르고 힘을 낼 수 있다. 뼈는 여리고 살이 무른 평생 마마보이로 살 것인가, 아니면 오뚝이로 살 것인가는 자녀와 부모의 공동 선택에 달려 있다.

# 더불어 사는 일보다
# 더 중요한 원칙은 없다

2000년 12월 13일, 미국 제43대 대통령 선거의 민주당 후보 앨 고어 (1948~ )는 선거 패배 인정 연설을 했다. 선거가 11월 7일에 치러졌으니 36일이 지난 시점이었다. 대선이 치러진 다음 날에 결과가 나오고 패자는 승자에게 축하 인사를 건네는 일이 보통인 것을 감안하면 분명 정상적이지 않은 상황이었다. 미국 대선 역사상 처음으로 연방대법원의 판결까지 받을 정도로 가장 치열한 선거였다. 고어는 "우리는 새 대통령을 중심으로 뭉칠 것이다. 그러나 한 가지가 유감이다. 내가 앞으로 4년 동안 미국인을 위해 일하고 싸울 기회를 얻지 못한 것이다"고 말하며 대선이 치러진 뒤 36일간의 길었던 시간을 내려놓는다. 연설을 하는 내내 그의 머릿속에서는 지난 일들이 주마등처럼 스쳐 지나갔다. 베트남 전쟁을 반대하면서도 종군 기자로 활동했던 시절, 하원의원에 당선되어 처음으로 정치에 뛰어들던 때, 민주당 후보로 당선되어 대통령의 꿈을 이루기 위해 땀 흘렸던 시간, 공화당의 부정선거를 고소하고 결과를 초조하게 기다리던 시간 등.

연방대법원의 판결에 결코 동의할 수는 없지만 대의를 위해 그 판결을 받아들여야만 하는 상황이었다. 고어는 미국의 단결과 민주주의 역량의 강화를 위해서 어찌 보면 패배 인정이 아닌 양보를 했다. 말이 좋아 양보였지 한순간에 그의 모든 것이 무너져 내렸다. 그때 그의 나이 쉰두 살, 한창 일할 나이였다. 오랜 시간 오로지 정치만을 위해서 살아왔던 고어에게 대선 패배는 가장 큰 시련이었다. 정치를 통해 더불어 사는 사회를 만들기 위해 노력했지만 다시 정계에 머물러야할 확신이 서지도 않았다. 한동안 고민하다 교수로 활동을 시작했고, 정계복귀 선언을 하기도 했으나, 공식 기자회견을 하고 정치를 그만두었다. 그때야말로 정치인 고어가 아닌 한 사람의 자연인으로서 고어의 삶을 고민해야 할 상황이었다. 정치가 아니라면 이제 무엇을 할 것인가를 두고 고민은 깊어만 갔다.

고어는 어린 시절 어머니가 자신과 누이에게 읽어주는 미국의 여성 생물학자 레이첼 카슨(1907~64)이 쓴 《침묵의 봄Silent Spring》

(1962)을 들으며 자랐다. 나이가 들어서도 몇 번이고 읽었다. 카슨은
《침묵의 봄》에서 이렇게 주장한다.

> 새롭고 상상력 풍부하며 창의적인 접근법은 이 세상이 인간만의
> 것이 아니라 모든 생물과 공유하는 것이라는 데에서 출발한다. 우
> 리가 다루는 것은 살아 있는 생물들, 그 생명체의 밀고 밀리는 관
> 계, 전진과 후퇴이다. 생물들이 지닌 힘을 고려하고 그 생명력을
> 호의적인 방향으로 인도해 갈 때, 곤충과 인간이 납득할 만한 화해
> 를 이루게 될 것이다. 생태계는 한편으로 너무나 연약해 쉽게 파괴
> 되고 다른 한편으로는 믿을 수 없을 만큼 튼튼하고 회복력이 강해
> 서 예상치 못한 방식으로 역습해 온다. 아무런 고결한 목적도 없고
> 겸손하지도 않은 화학방제 책임자들은 자신들이 다루는 자연의
> 위대한 능력을 계속 무시해 왔다.
>
> _레이첼 카슨, 김은령 옮김,《침묵의 봄》, 에코리브르, 2011.

《침묵의 봄》은 살충제와 제초제가 어떻게 산과 들과 강을 파괴하
고, 인간에게 어떻게 그리고 어떤 피해를 주는지 많은 사례를 이야
기한다. 해충을 없앤다는 이유로 여러 화학물질을 만들어 뿌렸는데
해충뿐 아니라 모든 생물을 죽이는 결과를 낳았다. 화학물질은 '살

충제'가 아니라 '살생제'가 되었다. 해충을 전부 없애지도 못했다. 살충제를 많이 뿌릴수록 '곤충의 저항시대'도 덩달아 왔다. 살충제에 살아남은 곤충은 더 강한 유전자를 다음 세대에 전달해 내성을 갖춘 새로운 세대의 곤충이 등장하게 되었다. 다윈 진화론의 힘을 여실히 보여준 셈이다.

《침묵의 봄》은 화학물질을 뿌리는 것만이 해충을 없애는 만능 해결책이 아니며, 화학적 방제를 대신할 수 있는 대안을 찾고자 한다면 다양한 선택이 존재한다고 주장한다. 덜 위험한 농약을 만들어내는 것뿐 아니라 화학적이지 않은 방법을 개발하는 데에도 많은 노력을 기울이자고 말한다. 일종의 천적관계를 이용하는 방법도 있다. 식물과 곤충 간의 관계뿐 아니라 여러 생물 사이의 천적을 이용하는 방법은 많은 경우에 도움을 줄 수 있다.

자연은 서로 얽히고설킨 거미줄 같은 광대한 네트워크다. 자연과 인간의 관계에는 '나비효과'와 '풍선효과' 둘 다 작용한다. 아무런 문제가 되지 않을 것이라고 생각한 사소한 자연 환경 훼손이 심각한 재앙의 부메랑이 되어 돌아온다. 또한 해충을 없앤다고 살충제를 뿌렸는데 화학물질이 지하나 지표면에 스며들어 식수원을 오염시킬 수도 있다. 인간에게 불리한 해충을 제거하고 환경오염을 줄일 수 있는 방법을 모색할 때 가장 중요한 것은 철학의 문제다. 인간은

216

스스로를 자연이라는 네트워크의 일부로 생각하고 다른 존재를 공생의 대상으로 바라보아야 한다.

고어는 정계에 입문한 이후 더불어 사는 사회를 만들고자 노력했다. 그러나 대선 패배는 고어가 정치를 통해 이루고자 했던 꿈을 한순간에 물거품으로 만들었다. 그는 고민에 고민을 거듭하다 정치에서 이루고자 했던 꿈을 다른 영역에서 실현하기로 결심했다. 그리고 정치인 고어는 환경 운동가 고어로 거듭났다. 환경 운동은 그가 어린 시절부터 관심을 가졌던 분야였다. 정치인으로서 더 나아가 대통령 신분으로서 환경보호를 이야기하다보면 부딪히는 한계가 있기 마련이다. 자신의 의도와는 달리 환경보호에 방해가 되는 집단의 의견을 완전히 무시할 수만은 없기 때문이다. 정치인은 투표권을 갖는 모든 사람의 표로 심판받는다. 정치의 영역에서 어느 한 쪽의 손을 일방적으로 들어주기 어려운 이유다. 정치인이 아닌 환경 운동가 고어는 이제 여러 집단의 눈치를 보지 않고 자신의 꿈을 펼칠 수 있게 되었다.

고어가 환경문제를 중요시하게 된 계기가 또 있다. 바로 대학 시절에 만난 로저 레벨 교수의 영향이다. 레벨 교수는 지구 대기 중 이산화탄소 측정을 최초로 제안한 사람으로 지구 온난화를 과학적 방법으로 규명하는 데 큰 역할을 했다. 고어는 국회의원이 되었을 때

의회 최초로 열린 지구 온난화 청문회에 레벨 교수를 초청하기도
했다. 하지만 그때는 고어나 레벨 교수의 말이 통할 상황이 아니어
서 큰 소득은 없었다. 1989년 고어의 눈앞에서 여섯 살짜리 막내아
들이 큰 교통사고를 당했다. 며칠 동안 죽을 고비를 넘기다 다행히
깨끗이 나았지만 고어는 이를 계기로 두 가지 결심을 했다고 한다.
하나는 언제나 가족을 먼저 생각하겠다는 것이고, 다른 하나는 아이
들의 미래를 보장하고 그들에게 물려줄 지구를 보호하는 사회 활동
을 최우선 과제로 삼겠다는 것이었다. 아들의 교통사고를 보고 자신
이 아끼는 모든 것을 한순간에 잃을 수 있듯, 우리가 사는 소중한 지
구도 잃을 수 있다는 것을 깨달았기 때문이다.

　사실, 지구 온난화나 생태계 파괴와 같은 환경문제를 해결하기
위해서는 한 사람의 힘만으로는 벅차다. 하지만 그 한 사람이 국제
적으로 영향력을 발휘할 수 있는 사람이라면 파급 효과는 크다. 정
치인에서 환경 운동가로 변신한 고어가 대표적인 한 사람이다. 고
어는 세계 각지를 돌며 1,000번 이상 지구 온난화의 심각성을 알리
는 슬라이드 강연을 열었다.《우리의 선택》,《불편한 진실》,《위기의
지구》등 환경 관련 책도 펴냈다. 이와 같은 다양한 활동으로 그는,
2007년 '유엔 정부 간 기후변화 위원회IPCC'와 공동으로 노벨평화
상을 수상했다. 지구 온난화의 심각성을 널리 알리고 주목받게 한

공로를 인정받은 것이다. 그의 책《불편한 진실》은 같은 제목으로 2006년 다큐멘터리 영화로 만들어지기도 했다. '정치'가 직업인 사람은 물러난 뒤 특별한 역할을 못 하고 세월을 보내는 경우가 많다. 그러나 고어는 정치인 이후의 삶이 정치인이었을 때보다 빛나는 드문 경우다.

고어는 '지구 온난화가 그저 과학적이거나 정치적인 문제가 아니라 진정 도덕과 영혼에 도전하는 문제'라고 말한다. 지구 온난화 문제를 두고 한가롭게 과학 토론이나 정치 논쟁을 즐길 때가 아니라는 의미다. 지구에 애정을 갖고 우리 행성의 운명에 대한 걱정을 함께 나누고 대책을 마련하자고 제안한다. 고어는 자식 세대들이 미래에 어느 날 부모 세대에게 "대체 생각이 있기나 했나요? 우리의 미래에 대해서는 신경도 쓰지 않았나요? 어쩌면 그렇게 자기만 생각했나요? 환경 파괴를 막을 생각을 못 할, 아니 안 할 정도로."라고 할 질문을 상상한다. 헛된 약속이 아니라 지금 당장 행동으로 그들의 질문에 답하고, 자녀 세대들이 감사해할 미래를 우리 손으로 만들자고 말한다.

《침묵의 봄》에도 "개인이나 공공기관이 뿌리는 치명적 독성물질로부터 시민의 안전이 보장받아야 한다는 내용은 권리장전에 포함되어 있지 않다. 놀라운 지혜와 예지력을 갖추었음에도 불구하고 우리 선조들은 이런 문제가 일어날 것이라고는 전혀 생각하지 않았을 것이다. 토양이나 물, 야생동물과 인간에게 화학물질이 어떤 영향을 미치는지 관련조사가 이루어지지 않았다는 점도 문제이다. 우리 후손들은 생명체를 지지하고 있는 자연계의 존엄성에 관한 우리의 관심 부족을 용서하지 않을 것이다"는 대목이 나온다.

앞선 세대가 개발이나 근시안적 목적 달성을 위하여 자연에서 단물만 빨아먹거나 환경을 오염시키면, 그 피해는 고스란히 후손에게 떠넘겨진다. 환경보호의 혜택은 한 시대, 집단, 국가 차원을 넘어선다. 같은 시대의 사람들끼리, 부모자녀 세대 사이, 부자와 가난한 나라 모두가 서로를 더불어 살아야 할 대상으로 바라보아야만 한다.

고어가 부통령을 지낼 때에는 집무실에 카슨의 사진을 걸어놓을 정도로 카슨과 그의 《침묵의 봄》에 깊은 감명을 받았다. 고어는 "개인적으로 《침묵의 봄》은 나에게 엄청난 영향을 미쳤다. 카슨 여사는 그 누구보다도 그리고 아마도 나머지 모든 사람을 합한 것보다 더 큰 영향을 나에게 미쳤을 것이다"고 말했다. 《침묵의 봄》은 '새들은 떠나고, 사람들은 시름시름 앓거나 죽고, 그래서 너무나도 조용해진 어느 마을' 이야기로 시작한다. 물론 실제로 존재하는 마을은 아니다. 당시에 화학약품이 미국 사회에 몰고온 결과를 생각하여 만들어낸 이야기다. 카슨은 침묵만이 흐르고 생기가 없어진 봄의 이유를 설명하고자 책을 썼다. 환경보호 운동에 새로운 지평을 열었다는 평가를 받은 이 책은 세계를 대표하는 100명의 학자들이 뽑은 '20세기를 움직인 10권의 책' 중 4위를 차지하기도 했다. 책은 출간된 지 1주일 만에 10만 6,000부가 판매되었을 정도로 1962년의 미국 사회를 뒤흔들었다. 그 당시 대통령이었던 케네디조차 백악관 연설에서 《침묵의 봄》의 중요성을 언급했을 정도다. 1963년 5월 15일에 발표된 대통령특별위원회의 살충제 조사 결과는 카슨의 주장이 옳다는 것을 증명해주었다. 1969년 미국 의회는 '국가 환경정책 법안'을 통과시켰다. 지구의 날이 제정된 것도 이 책의 영향이었다. 한 권의 책이 세상을 바꾸어 놓았다.

《침묵의 봄》은 살충제와 제초제가 자연과 인간에게 미치는 '불편한 진실'을 거리낌 없이 드러낸다. 진실은 말하는 사람이나 듣는 사람이나 불편한 경우가 많다. 책이 출간되기 전 사전에 발표된 축약본 등으로 그 내용을 알고 있던 언론과 화학약품 제조 업계에서는 카슨과 그의 책에 비난을 퍼부었다. 자신들의 돈벌이에 방해된다는 말은 차마 못 한 채, 그의 주장이 터무니없다는 둥 무슨 말을 하는지 모르겠다는 둥 딴죽을 걸었다. 심지어는 카슨을 공산주의자로 몰아갔다. 그때의 미국이나 지금의 한국이나 옳은 말하는 사람에게 '빨갱이'나 '공산주의자'라는 주홍글씨를 새기는 일은 여전하다. 가냘

픈 한 여성 다윗과 골리앗의 싸움이었다. 암 치료로 고통스런 나날을 보내면서도 수많은 압력에 굴복하지 않은 카슨은 양심과 용기를 가진 과학자의 본보기가 되었다.

《침묵의 봄》은 인간에게 해로운 자연을 통제하는 방법 중에 화학 약품을 무더기로 뿌리는 방법만 있는 것은 아니라고 말하며 몇 가지 방법을 구체적으로 제안했다. 운전자의 시야를 가리는 도로와 철로 근처의 나무를 없애는 일은 그가 든 예 중 하나다. 모든 나무를 없애는 것보다 시야를 가리는 키 큰 나무들만 선택하여 직접 없애고 다른 식물은 보존하면 된다. 화학약품은 없앨 나무의 밑 부분에 집중적으로 뿌림으로써 환경도 보호하고 비용도 줄인다. 더불어 무더기로 뿌려지는 화학약품에 의해 이름 모를 들풀들이 뿜어내는 아름다움이 사라질 위험도 없다.

생태계의 천적관계를 이용하여 원하는 목적을 달성하는 방법도 있다. 오스트레일리아의 국토 절반이 쓸모없는 선인장으로 뒤덮인 일이 있었다. 오스트레일리아의 곤충학자들은 선인장의 원산지인 북미와 남미로 선인장의 천적 곤충을 찾아 나섰다. 몇 차례 시도 끝에 아르헨티나 나방 알 30억 개를 오스트레일리아 전 국토에 뿌렸다. 7년 후 선인장이 줄어들기 시작했고 아무 것도 자라지 않던 땅에 풀이 나기 시작했다. 곤충은 자신이 원하는 식물만 먹는 식성을 이용한 결과였다. 이런 과정에 들어간 비용은 효과도 분명하지 않는 화학약품을 뿌리는 비용의 0.1퍼센트에도 미치지 않았다고 한다. 비용도 훨씬 적게 들고, 환경오염도 방지하고 활기찬 생태계로 탈바꿈할 수 있었으니 이보다 더 좋은 방법이 있을까. 조금만 관심을 기울여 창의적인 방법을 찾는다면 자연도 보호하면서 원하는 목적을 얼마든지 달성할 수 있다.

인간이 자연에 보인 무지와 무관심의 결과는 참혹하다. 파괴된 자연환경은 인류 발전의 걸림돌로 작용하며 더 나아가 인류에게 보복을 하고 있다. 자연을 지나치게 부려먹고 파괴한 대가를 인간은 톡톡히 치르고 있는 셈이다. 세계적으로 벌어지고 있는 기록적인 폭설, 태풍, 폭우, 가뭄, 추위, 더위, 만년설의 해빙 등은 자연이 인간에게 가하는 보복의 일부분에 지나지 않는다. 어떤 무시무시한 재앙이 인류를 기다리고 있는지 지금으로서는 알 길이 없다. 인간은 당장 눈앞의 경제적인 이익만 생각하다가 시간이 흐른 뒤의 결과에 화들짝 놀랄 뿐이다. 자연환경을 파괴하면서 얻는다고 생각한 혜택이 시간이 흘러 도리어 대가가 결코 작지 않다는 사실을 사람들은 깨닫게 된다. 자연의 보복은 암처럼 서서히 그러나 확실히 찾아온다. 암도 초기에 발견하면 치료가 가능하지만, 초기에는 증상이 잘 나타나지 않는다. 고통을 느꼈을 때는 이미 늦었다.

자연은 오랜 세월 인류에게 투쟁과 극복의 대상이었다. 모든 생물 중에서 인류만이 자신의 이익을 위해 자연을 의식적으로 이용했다. 이런 점에서는 인류의 역사는 자연과 싸워 승리한 역사다. 그런데 투쟁과 이용의 대상이었던 자연이 언제부터인가 인류에게 자기의 주장을 하고 있다. 자연은 주인을 위해 일하다 이제 지칠 대로 지치고 병든 몸이 되었다. 어느 순간 자연이 인간의 노예이기를 거부하고 '자연선언'을 하기에 이르렀다. 자연이 인간에게 서로 공존할 수 있는 길을 요구하고 있다.

미국의 시인, 로버트 프로스트는 자신의 시 〈가지 않은 길〉에서 "노란 숲 속에 두 갈래 길이 있었습니다 / …… / 뒷날 나는 어디선가 / 한숨을 쉬면서 이야기할 것입니다 / 숲 속에 두 갈래 길이 있었으며 / 나는 사람이 적게 간 길을 택하였다고 / 그리고 그것 때문에 / 모든 것이 달라졌다고"라고 노래했다. 카슨은《침묵의 봄》에서 프로스트의 〈가지 않은 길〉을 인용해 비유하면서 우리 인류에게도 두 갈래 길이 있다고 말한다. 하나는 지금까지 걸어온 길로, 인류의 놀라운 진보를 가져온 너무나 편안하고 평탄하지만 그 끝에는 재앙이 기다리고 있는 길이다. 다른 하나는 아직 가지 않은 길로 지구의 보호라는 목적지에 도달할 수 있는 마지막이자 유일한 기회가 열려 있는 길이다. 개미 연구의 세계적 권위자인 미국의 에드워드 윌슨은

"돈 벌자고 생태계를 파괴하는 것은 저녁밥을 먹으려고 루브르박물관 그림을 태우는 짓이다"고 말했다. 어디까지나 선택의 문제다. 그리고 그 선택은 나와 여러분, 우리에게 달려 있다.

일방적으로 '뺏고 빼앗기는 관계'에서 '함께 살기 위한 관계'로의 변화는 자연과 인간의 관계에만 해당되지는 않는다. 세대, 집단, 계급, 종교, 문명, 민족, 국가들도 서로 더불어 사는 길을 찾아야 한다. 우리 모두가 고어나 카슨처럼 환경보호주의자가 될 수 없을 뿐 아니라 바람직하지도 않다. 두 사람의 환경보호 운동은 '공생의 철학'을 실천하는 하나의 방법이었다. 우리도 자신이 머물고 있는 바로 그곳에서 공생의 길을 실천하면 된다. 아프리카 속담에 "빨리 가고 싶으면 혼자서 가고, 멀리 가고 싶으면 함께 가라"는 말이 있다. 모든 관계에서 공생을 실현하려면 우리는 '멀리 그리고 빨리 가야 한다.'

자유인이 아니라면
아직 성공한 인생이 아니다

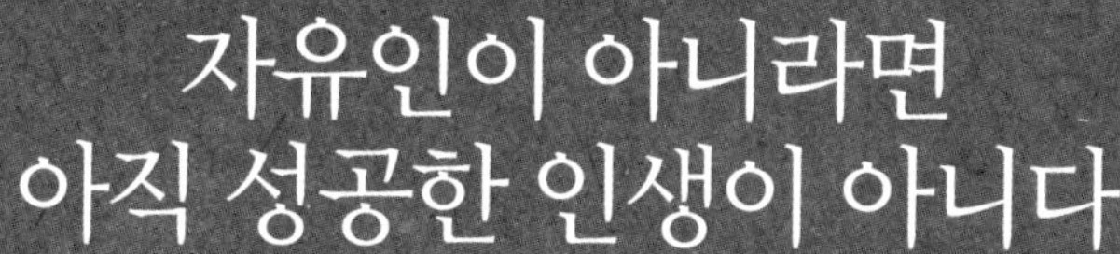

흐드러지게 핀 꽃이 날 보러오라며 유혹하는 어느 봄날 목요일 오후 광고 회사 사무실의 정경이다.

여직원이 팀장에게 다음 주 월요일에 휴가를 내겠다고 한다. 팀장이 왜 하필 월요일에 쉬려고 하느냐고 묻자 여직원은 남편과 꽃구경 갈 계획이라고 대답한다. 팀장은 좋은 시간 보내라고 말하면서 꽃구경하기에는 이때가 제격이라는 생각에 내심 부러운 마음이 일렁인다. 그런데 다음 날 돌발 상황이 생겼다. 광고주가 팀장을 갑자기 찾아와서 여직원이 휴가가기로 한 월요일에 프레젠테이

션을 해달라고 부탁한다. 그러나 그 여직원이 없으면 프레젠테이션에 지장이 있다. 하지만 광고주의 말이라면 하늘의 별이라도 따다 줘야 할 판이다. 여직원은 이 소식을 듣고 팀장에게 꽃 보러 가는 것은 꼭 가야 하는 일은 아니니 휴가를 취소하겠다고 한다. 여직원의 말에 팀장이 꽃에 대한 예의를 지키라며 휴가를 가라고 한다. 팀장은 여직원에게 메모를 써 주었다. "꽃 피어 올라오니 기쁨이고, 곧 꽃 지리니 슬픔이다. 봄은 우리 인생을 닮았다."

위에 나온 팀장은 텔레비전 광고 영역에서 세상의 주목을 받고 있는 스타 광고인 박웅현(1961~)이다. 머리는 박박 밀었고 귀고리를 했으며 잘 다듬지 않은 수염을 짧게 기르고 다닌다. 그리스의 대표 작가인 니코스 카찬차키스(1883~1957)가 1947년에 발표한《그리스인 조르바》(원제의 뜻은 '알렉시스 조르바의 삶과 모험'이다)에서 조르바는 주인공에게 이런 말을 한다.

지금 나는 닭고기와 계피 뿌린 육반肉飯을 생각하고 있어요. 내 머릿속은 갓 쪄낸 육반처럼 김이 무럭무럭 납니다. 먼저 먹읍시다. 먼저 배를 채워 놓고 그 다음에 생각해 봅시다. 모든 게 때가 있는 법이지요. 지금 우리 앞에 있는 것은 육반입니다. 우리 마음이 육반이 되게 해야 합니다. 내일이면 갈탄광이 우리 앞에 있을 것입니다. 그때 우리 마음은 갈탄광이 되어야 합니다. 어정쩡하다 보면 아무 짓도 못하지요.

_ 니코스 카잔차키스, 이윤기 옮김, 《그리스인 조르바》, 열린책들, 2008.

당장 눈앞에 닥친 현실에 집중하자는 말이다. 이 생각 저 생각 하다 보면 이것도 저것도 아닌 상태가 된다. 음악을 들을 때는 음악에만, 축구를 할 때는 축구에만 몰입하자는 의미다. 대개 사람들은 습관적으로 이 일 저 일을 동시에 하는 경우가 많다. 한 손으로는 전화기를 들어 통화를 하고, 다른 손으로는 설거지를 한다. 이어폰을 꽂고 음악을 들으면서 책을 읽기도 한다. 인간의 뇌는 여러 가지 일을 동시에 처리하는 것에 한계가 있다. 동시에 몇 가지 일을 할 때, 한 가지는 잘할 수 있다 하더라도 나머지는 희생을 당할 수밖에 없다. 그나마 이런 경우는 괜찮은 편에 속한다. 대부분은 동시에 하고 있는 모든 일이 어정쩡한 상태가 되고 만다. 그러나 효율성이 떨어지는 것보다 더 큰 문제가 있다. 바로 한 가지 일에서 새로움을 발견할 기회가 줄어드는 것이다. 한 가지 일에 집중하면 지금까지는 보이지 않았던 새로움에 눈을 뜰 수 있다. 익숙함과 길들여짐에서 벗어날 가능성이 열리게 된다. 《그리스인 조르바》에는 조르바가 주위를 볼 때 깜짝깜짝 놀라는 모습이 군데군데 나오는데 그중 한 부분이다.

> 우리에게 버릇 들게 된 것들, 예사로 보아 넘기는 사실들도 조르바 앞에서는 무서운 수수께끼로 떠오른다. 지나가는 여자를 봐도 그는 말을 멈추고 큰일이나 난 듯이 말한다.
>
> "대체 저 신비의 정체는 무엇일까요?" 그는 묻고 또 묻는다.
>
> "여자란 무엇인가요? 왜 이렇게 고개를 갸웃거리게 하지요? 말해 보시오. 나는 저 여자란 것의 의미가 무엇인지 묻고 있는 거요."
>
> 그는 남자나, 꽃핀 나무, 냉수 한 컵을 보고도 똑같이 놀라며 자신에게 묻는다. 조르바는 모든 사물을 매일 처음 보는 듯이 대하는 것이다.
>
> _ 니코스 카잔차키스, 이윤기 옮김, 《그리스인 조르바》, 열린책들, 2008.

조르바는 보고, 만지고, 듣는 모든 것에 질문을 쏟아내고 감탄하는 어린 아이의 호기심과 감수성을 지녔다. 박웅현은 '창의적인 사람들은 이 세상의 모든 것에 놀라며 감탄한다'고 말한다. 하찮은 들풀을 보면서, 책을 읽으면서 감탄을 할 때 창의성이 길러진다는 말이다. 감탄은 모든 상황 및 존재를 깊이 있게, 꼼꼼히 대할 때만 느낄 수 있는 감정이다. 요컨대, 창의성은 우리가 주위의 모든 것에 집중하여 공감할 때 길러져 내면에 쌓였다가 어느 순간 밖으로 드러난다고 볼 수 있다.

어제의 나와 오늘의 나, 꽃망울이 열리기 시작한 장미와 꽃이 만개한 장미는 이미 다른 존재다. 물론 하나의 사물에서도 변하는 것과 변하지 않는 것이 공존한다. 변화 중에는 사물 본질의 변화도 있고, 본질에 영향을 주지 않는 변화도 있다. 하지만 무엇인가가 변하고 있다는 사실 그 자체를 부정할 수는 없다. 세상 만물과 모든 일이 변화하지만 주변의 변화를 느끼지 못하는 사람, 그 자신만이 있을 뿐이다. 그러한 변화를 느끼기 위해서는 우리에게는 예민한 감각, 남다른 집중력이 필요하다. 타성에 젖어 건성건성 보아 넘겨서는 변화를 알아챌 수 없다. 감각과 의식의 촉수를 활발히 움직이며 집중할 때 새로운 것을 발견할 수 있다. 대충 읽은 책은 물론, 제대로 읽었다고 생각한 책이라 할지라도 다시 읽으면 전에는 알아채지 못했던 내용을 발견하는 경우가 있다. 이전에 읽을 때 이해하지 못해 그냥 넘어간 경우가 아니라면 몰입의 효과다. 새로운 내용을 발견하면 '이 책에 이런 내용도 있었나' 하며 놀라게 된다. 집중하면 새로움을 발견할 수 있고, 새로움을 발견하면 감탄사가 절로 나오게 된다. 새로움에 경탄할 때, 길들여진 감각과 의식을 가진 노예가 아니라 거칠 것 없는 자유인이 된다. 다음은 박웅현이 만든 한 통신업체 광고

중 일부다.

> 못 보던 것을 보자. 새로운 합을 만들자. 새로운 문을 열자. 보자,
> 경험하자, 느끼자.
> 약간의 인터넷, 약간의 TV, 약간의 전화가 섞여 못 보던 세상이다.
> 섞고 말고 비비자. 새롭고 재밌는 세상. See The Unseen.
> 뛰어들자, 들어가자, 내딛자, 접속하자. See The Unseen.
>
> _박웅현 · 강창래,《인문학으로 광고하다》, 알마, 2009.

'못 보던 것을 보기' 위해서는 몰입해야 된다. 모든 것을 건성건성 대해서는 새로운 것을 발견할 수 없다. 눈앞의 존재나 상황에 집중했을 때만 그동안 보지 못했던 새로운 것이 드러난다. 몰입해야 새로운 것을 발견할 수 있고, 경탄할 수 있다.

박웅현에게 창의력을 기르려면 어떻게 해야 되냐고 물으면, "누구나 그것을 물어보는데, 아무리 생각해도 뾰족한 수는 없습니다. 그래서 저는 질문하는 사람에게 오늘 뭐하기로 했는지 되묻습니다. 영화 보기로 했다고 하면, 영화를 잘 보면 된다고 합니다. 또 다른 사람들은 집에 가서 미드 본다고 합니다. 그러면 미드 잘 보라고 합니다. 어떤 사람은 홍대 앞 클럽데이에 간다고 합니다. 그러면 가서 잘

놀라고 합니다. 이게 제 답입니다. 사실 창의력을 기르기 위해서 무엇을 해야 하는 건 없습니다. 뭘 하든 안테나를 세우고 '잘'하면 됩니다"고 대답한다.

박웅현이 모든 것을 무심결에 익숙한 시선으로만 바라본다면 그저 그런 광고인에 불과할 것이다. 그의 광고가 돋보이고 기억에 오래 남는 이유는 시대의 흐름과 가치에 조르바식 촉수를 세워 몰입하고 있기 때문이다. 박웅현의 명함 뒤에는 'Surprise me'가 적혀 있다. 그는 《그리스인 조르바》가 자신의 생각의 저변을 가장 많이 좌우한 책이라면서 '조르바처럼 모든 것에 놀라는 사람이 되고 싶다'고 말한다.

박웅현은 자신의 광고에는 인문학이 바탕에 깔려 있다고 말한다. 요즈음 학생들이 대학의 전공을 선택할 때 인문학과는 별로 인기가 없다. 졸업 후 돈벌이에 도움이 안 된다는 이유 때문이다. 그러나 대학 밖의 사회에서는 사정이 다르다. 어느 영역에서든 이른바 성공을 거두고 있는 사람들은 '인문학의 중요성'을 이야기한다. 박웅현은 시, 소설, 음악, 그림 등에 관심이 많다. 그의 창의성의 뿌리는 주어진 하나하나의 현실에 몰입하고 인문학에 대한 폭넓은 이해와 관심을 갖는 데에 있다. 일상생활의 경험, 그가 보았던 책과 그림이 어느 순간 자신의 광고에 도움을 주었다고 말한다. 《그리스인 조르바》에서 조르바가 눈앞에 닥친 현실에 집중하며 모든 것을 처음 보듯 대하는 자세는 광고인 박웅현의 삶에 많은 영향을 주고 있다.

《그리스인 조르바》의 저자 니코스 카잔차키스는 그리스 크레타 섬 출신이다. 크레타는 로마, 비잔틴, 오스만제국의 지배를 받다가 1913년에야 그리스 영토가 되었다. 어린 시절 경험한 오스만제국 지배가 카잔차키스의 삶에 끼친 영향이 크다. 그는 자서전에 "유년 시절 내가 호흡한 것은 험악한 전쟁 분위기였다. 크레타인과 터키인은 서로 만날 때마다 화를 삭이느라고 수염을 쥐어뜯었고, 거리를 활보하는 터키 경찰의 면전에 기독교도는 침을 뱉고는 했다. 나는 침묵 속에서 '죽음', '용기', '전쟁', '자유', '해방' 같은 말을 들으며 자라났는데, 어른이 된다는 것은 그런 투쟁에 가담함으로써 이런 어휘의 의미를 이해하게 되는 것을 뜻했다"고 쓰고 있다.

아버지는 아홉 살배기 카잔차키스를 데리고 터키인에 의해 교수형을 당한 기독교도들의 발에 입을 맞추게 함으로써 그들의 죽음에 경의를 표하게 하고는 당부했다.


"잘 보고, 죽을 때까지 결코 잊어서는 안 된다."
"아버지, 누가 이 분들을 죽였어요?"
아버지는 짤막하게 대답했다.


236

"자유."

_ 니코스 카잔차키스, 이윤기 옮김,《그리스인 조르바》, 열린책들, 2008.

카잔차키스는 1951년과 1956년, 두 차례 노벨문학상 후보에 오르지만 영예는 그의 몫이 아니었다. 영국의 문예 비평가 콜린 윌슨은 "카잔차키스가 그리스인이라는 것은 비극이다. 이름이 '카잔초프스키'였고, 러시아어로 작품을 썼다면 그는 톨스토이, 도스토예프스키와 어깨를 나란히 할 수 있었을 것이다"며 아쉬워했다. 생전에 그가 준비해 두었던 묘비명은 다음과 같다.

나는 아무것도 바라지 않는다.
나는 아무것도 두려워하지 않는다.
나는 자유다.

《그리스인 조르바》는 카잔차키스의 실제 경험이 녹아 있다. 서른다섯 살의 카잔차키스는 노동자 조르바를 고용해 갈탄을 캐려고 했는데 이 사실은 작품 속에 그대로 반영되어 있다.《그리스인 조르바》는 서른다섯 살의 젊은 주인공과 예순다섯 살의 인생 선배이자 스승인 조르바가 엮어가는 자유를 향한 오디세이아다. 주인공은 세상 모든 일을 이성과 논리로 판단하며 살아가는 책벌레다. 어느 순간 책을 내던지고 현실에 뛰어들기로 마음먹었을 때 그 기회가 찾아왔다. 크레타 해안에 있는 폐광이 된 갈탄광 한 자리를 빌려 두었는데 그곳에서 책벌레와는 거리가 먼 노동자, 농부들과 생활을 시작하기로 한다. 소설 속에서 주인공이 조르바를 처음 만나는 장면이다.

나는 주의 깊게 그를 뜯어보았다. 움푹 들어간 뺨, 튼튼한 턱, 튀어나온 광대뼈, 잿빛 고수머리에다 눈동자가 밝고 예리했다.
"왜요? 함께 무슨 일을 할 수 있어서요?"
그가 어깨를 으쓱해 보이고는,
"왜요!, 왜요!" 못마땅하다는 듯이 소리쳤다. 그러고는 덧붙였다.
"'왜요'가 없으면 아무 짓도 못하는 건가요? 가령, 하고 싶어서 한다면 안 됩니까? 자, 날 데려가쇼. 요리사라고나 할까요. 당신이 들어보지도 못한 수프, 생각해 보지도 못한 수프를 만들 줄 압니다."

_ 니코스 카잔차키스, 이윤기 옮김, 《그리스인 조르바》, 열린책들, 2008.

서른다섯 살의 책벌레와 광부, 행상, 게릴라, 볶은 호박씨 장수, 대장장이, 밀수꾼 생활 등 산전수전을 모두 겪은 예순다섯 살 조르바의 첫 만남부터 둘의 멀기만 한 가치관의 거리가 느껴진다. 주인공은 글줄이나 읽은 대부분의 지식인이 그렇듯 모든 일의 이유를 따지려 든다. 조르바는 어찌 보면 즉흥적이라고 할 만큼 자신의 첫인상에 이끌려 행동한다. 조르바는 주인공을 보며 "당신 역시 저울 한 벌 가지고 다닌 거 아니오? 매사를 정밀하게 달아보는 버릇 말이오"라며 핀잔을 준다.

박웅현이 꽃구경 가겠다며 그것도 주말에 이어지는 월요일에 휴가를 낸다는 여직원에게 선뜻 허락하는 자세도 이것저것 재서는 쉽지 않은 일이다. 토, 일요일 쉴 것 다 쉬고 굳이 월요일에 휴가를 낸다고 하면 도끼눈을 부라리는 직장 상사들이 제법 있다. 그러나 꽃에 정신 팔린 사람을 어떤 이유에서든 사무실에 잡아 놓는다고 하여 그가 일에 집중할 리 없다. 조금 비약해서 표현하면, 길들여진 노예의 영혼만 붙잡고 있을 뿐이다. 차라리 꽃구경에 몰입하는 시간을 주는 것이 그는 물론 회사에게도 낫다.

서로 어울릴 것 같지 않은 주인공과 조르바는 의기투합했고 크레타로 떠나기 전 축배를 들며 대화를 나눈다. 조르바는 "나한테 윽박지르면 그때는 끝장이에요. 결국 당신은 '내가 인간이라는 걸 인정해야 한다 이겁니다"며 다짐을 받고자 한다. 주인공이 "인간이라니, 무슨 뜻이지요?"라고 묻자, 조르바는 "자유라는 거지"라고 답한다.

우리는 누구나 한번쯤 자유인을 꿈꾼다. 몰입은 익숙함에서 벗어날 수 있는 무기이며 자유의 어머니다. 모든 것을 대충대충 대하는 사람은 변화를 느낄 수 없으며 그저 똑같은 것의 반복으로만 볼 뿐이다. 무언가에 익숙해짐은 길들여짐에 다름 아니다. 길들여지면 나머지는 보이지 않고 우상의 노예가 되며 오직 관성의 법칙만이 작용한다. 우리가 매일 무심결에 보는 나무 한 그루도 어제와 오늘이 다를 수 있다. 모든 것을 처음 보는 듯 대하는 눈과 가슴을 갖기 위해서는 집중해야 한다. 몰입해야만 새로움을 발견하는 기쁨을 누릴 수 있고 길들여진 노예가 아닌 자유인의 감각과 의식을 가지게 된다.

'눈앞에 닥친 한 가지에 몰입하기'를 통해 우리는 '위대한 자유인 조르바'가 된다.

# 평생 이룰 꿈을 가진 자,
# 그대는 행복하다

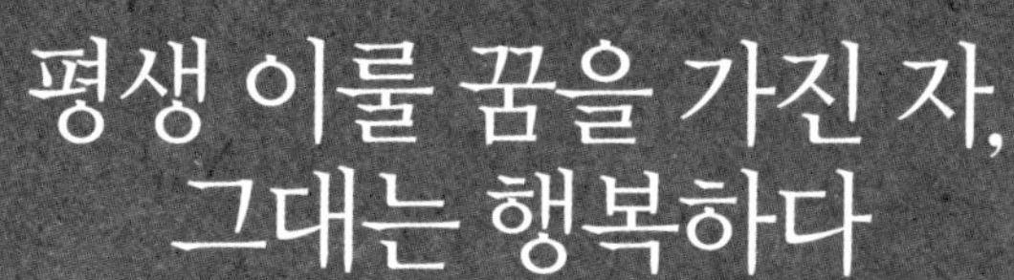

1830년 무렵 어느 날 저녁 독일의 평범한 가정집, 여덟 살짜리 꼬마
가 아버지와 책을 보며 대화를 나누고 있다. 이 날도 아들은 어렸을
때부터 아버지가 들려줬던 트로이 전쟁 이야기에 푹 빠져 있다.

**아빠**: 아주 오랜 옛날에 트로이 지역에서 그리스 연합군이 커다란
도시를 함락시켰단다. 성벽은 무너지고 성 안은 불탔으며 많
은 사람이 죽었지.
**아들**: (완전히 파괴되어 흔적도 없이 사라졌다는 말에 슬픈 표정을 지으며)
아빠, 근데 트로이가 어디에요?

**아빠**: 아빠도 그건 모르지. 아들아, 이건 옛날부터 전해 내려온 이
야기란다.

**아들**: (책에서 불타는 성문을 빠져나오는 트로이 왕족 아이네이아스의 그림
을 보며) 아빠, 정말로 이런 성벽이 옛날에 있었다면 완전히
없어졌을 리 없어요. 틀림없이 그건 흙먼지에 묻혀 있을 거
예요.

**아빠**: 그렇겠지. 트로이 전쟁이 정말로 일어났다면 어딘가에 성터
가 남아 있을 수도 있겠지. 하지만 이 전쟁은 실제 있었던 이
야기가 아닐지도 모른단다. 네가 정히 원한다면 나중에 커서
한번 찾아보는 것도 괜찮겠구나.

**아들**: 알았어요. 아빠, 제가 언젠가는 꼭 성을 찾아내고야 말겠어요.

**아빠**: 그러렴. 오늘은 여기까지 하고 이젠 그만 자자. 우리 아들, 잘
자라.

**아들**: (하품을 하며) 아빠도 안녕히 주무세요.


이 대화를 나눈 아들은 독일의 하인리히 슐리만(1822~90)이며 '트
로이 전쟁'을 신화에서 역사의 세계로 만든 주인공이다. 평생의 꿈
이 이때 가슴 속에 오롯이 자리 잡았다. 슐리만에게 꿈을 심어준 호
메로스(기원전 800?~기원전 750?)의 장편 서사시 《일리아스》에서 아

킬레우스는 그리스 연합군의 총사령관인 아가멤논에게 자신의 전쟁 참여의 동기를 이렇게 밝힌다.

> 내가 싸우려고 이곳에 온 것은 트로이아의 창수들 때문이 아니요. 그들은 내게 아무런 잘못도 저지르지 않았으니까요. 그들은 내 소나 말들을 약탈한 적도 없거니와 전사들을 기르는 기름진 프티아 땅에서 내 곡식을 망쳐놓지도 않았소이다. 우리 사이에는 수많은 울창한 산들과 파도 소리 요란한 바다가 가로 놓여 있기 때문이요. 그대, 파렴치한 철면피여! 우리가 그대를 따라 이곳에 온 것은 메넬라오스와 그대를 위하여 트로이아인들을 응징함으로써 그대를 기쁘게 해주기 위함이었소.
>
> _호메로스, 천병희 옮김, 《일리아스》, 숲, 2007.

《일리아스》의 배경이 되는 트로이 전쟁은 남녀의 사랑이 계기가 되어 벌어졌다. 트로이 왕자인 파리스가 그리스 스파르타에 갔는데, 우리로서는 그가 외교 목적으로 갔는지 적국의 동향을 파악하기 위해 갔는지 알 길이 없다. 물론 두 가지 목적을 동시에 수행하기 위해서일 수도 있다. 그런 그가 스파르타의 왕 메넬라오스의 아내 헬레네를 납치한 뒤, 스파르타의 보물들을 가지고 트로이로 달아났다.

이 사건의 동기 또한 알 길이 없다. 파리스가 단지 미인과 보물에 눈이 멀었는지, 아니면 그동안 침략을 일삼던 그리스에 앙갚음을 하려고 했는지 말이다. 이 또한 두 가지가 다 작용했을 수도 있다. 하여튼 왕비와 보물을 빼앗긴 그리스는 연합군을 편성해 복수를 꿈꾸며 트로이를 침략했다.

《일리아스》에서는 드러나지 않지만 전쟁 원인으로 작용했을 경제·정치적 동기를 논외로 한다면, 그리스 쪽에서 전쟁과 이해관계가 있는 사람은 아내를 뺏긴 메넬라오스와 그의 형인 미케네의 왕 아가멤논 정도였다. 트로이 전쟁의 영웅 아킬레우스는 트로이와 목숨을 걸고 전쟁을 벌일 이유가 없었다. 냉정하게 보면 전쟁과 관련 있는 존재가 아니었다. 아킬레우스는 단지 메넬라오스와 아가멤논의 복수를 돕기 위해 참전했다고 말한다. 그러나 그것이 전부는 아니었다. 아킬레우스는 전쟁에서 이루어야 할, 다른 무엇과도 바꿀 수 없는 자신만의 꿈을 갖고 있었다.

아킬레우스는 트로이 전쟁에서 무훈을 세운 대가로 여인 브리세이스를 받았는데 연합군의 총사령관인 아가멤논이 '명예의 선물'이었던 브리세이스를 빼앗았다. 이에 분노한 아킬레우스는 전선에서 이탈해버린다. 아킬레우스가 전투에서 빠진 동안 그리스 연합군은 고전을 면치 못한다. 그리스 연합군의 입장에서는 전쟁의 승리를 위해 영웅 아킬레우스의 전장 복귀가 절실했다. 아가멤논은 오디세우스를 사자로 보내 황금, 여인 등을 선물로 주겠다면서 아킬레우스의 복귀를 설득하지만 아킬레우스는 이런 이유를 들며 전쟁에서 빠져 귀국하겠다고 말한다.

모든 보물도 내게는 결코 목숨만큼 소중하다고는 생각되지 않기 때문이요. 소 떼와 힘센 작은 가축 떼는 약탈해올 수가 있고 세발솥과 말들의 밤색머리는 사올 수가 있지만, 사람의 목숨은 한번 이빨 울타리 밖으로 나가고 나면 약탈할 수도 구할 수도 없어 다시는 돌아오지 않는 법이요. 나의 어머니 은족의 여신 테티스께서 내게 말씀하시기를, 두 가지 상반된 죽음의 운명이 나를 죽음의 종말로 인도할 것이라고 하셨소. 내가 이곳에 머물러 트로이아인들의 도시를 포위한다면 고향으로 돌아가는 길은 막힐 것이나 내 명성은 불멸할 것이요. 하나 내가 사랑하는 고향 땅으로 돌아간다면 나의 높은 명성은 사라질 것이나 내 수명은 길어지고 죽음의 종말이 나를 일찍 찾아오지는 않을 것이요.

_호메로스, 천병희 옮김, 《일리아스》, 숲, 2007.

아킬레우스는 목숨이 무엇보다 소중하다면서 귀국의 결심을 털어놓는다. 목숨을 귀중하게 생각할 수밖에 없는 자신만의 운명이 있었다. 그리스 신화에 따르면, 아킬레우스의 어머니는 바다의 여신 테티스다. 테티스는 아킬레우스를 불사신으로 만들려고 그의 몸을 스틱스 강물에 담갔다. 스틱스 강물에 닿은 몸은 어떤 무기도 뚫지 못했다. 그렇게 아킬레우스는 강물에 담겨질 때 테티스가 잡고 있던 발뒤꿈치 부분만 빼고는 무기가 뚫을 수 없는 불사의 몸을 갖게 되었다.

그런 아킬레우스는 일찍 죽지 않는 것과 명예 두 가지 모두를 누릴 수는 없는 운명이었다. 전쟁에 참여하지 않으면 일찍 죽지는 않으나 명성은 누리지 못하고, 전쟁에 뛰어들면 명예는 얻지만 빨리 죽을 운명이었던 것이다. 테티스는 아들의 운명을 알고 있었기에 연합군이 만들어질 당시 아들의 참전을 막기 위해 노력했다. 그때 오디세우스는 '당신과 같은 전쟁 영웅이 있어야 우리 그리스가 이길 수 있다'며 아킬레우스를 찾아와 설득했다. 자신의 운명의 요소인 명예와 일찍 죽지 않는 것 가운데 목숨만 소중하게 생각했다면 아킬레우스는 전쟁에 따라나서지 말았어야 했다. 아무리 자신이 최고의 용사라고는 하나 전쟁터에서 목숨은 장담할 성질의 것이 아니다. 목숨보다 소중한 것은 없다. 하지만 때로는 목숨과도 맞바꿀 만한 가치 또한 있다. 명예, 의리, 자존감, 인간애, 역사적 대의, 꿈 등등. 결국 아킬레우스는 어머니의 반대에도 그리스 연합군의 희망이 되어 트로이 전쟁에 동참한다. 오디세우스의 권유 때문이기도 하지만 내면에 잠재되어 있는 명예욕에 이끌렸다. 명성을 좇아 트로이에 왔는데 이제 와서 목숨의 소중함과 자신의 운명을 근거로 귀국하겠다고 말한 것은 핑계에 불과했다.

명예를 중요하게 생각한 아킬레우스는 '명예의 선물'인 자신의 여인을 빼앗겨 자존심에 상처를 입었다. 황금이나 여인을 받는다고 해서 한번 상처받은 자존심이 치유될 리 만무했다. 그렇다고 아킬레우스는 상처받은 자존심만을 문제 삼아 전쟁에서 빠져 귀국하겠다고 말한 것은 아니었다. 자신의 존재 가치를 부각시키고 더 큰 보상을 끌어내기 위한 계산된 전술이었다. 그리스 최고의 전사인 아킬레우스 자신이 빠진 전쟁은 이길 수 없다는 사실을 환기시켜주고 싶었다. 궁극적으로는 그리스 군대가 패전을 거듭하는 최악의 상황에서 구세주로 나설 속셈이었다. 결정적 활약으로 전황을 반전시키고 명예와 영광을 독차지할 계획이었다.

아킬레우스 같은 사내는 사실 어찌 보면 다루기가 쉽다. 불화가 생긴 즉시 아가멤논이 직접 아킬레우스를 찾아가서 '당신을 포함한 몇 사람이 주장해서 내 여인을 돌려주다보니 화가 나서 당신 여인을 뺏는 몹쓸 짓을 했나 보오. 내가 잘못했으니 과거는 잊어버립

시다. 당신 여인도 여기 데려왔으니 오늘부터는 같이 지내도록 하시오. 당신이 아니면 누가 있어 지 트로이 군대를 상대한단 말이요. 오늘은 푹 쉬고 내일부터 멋지게 싸워봅시다. 우리가 이긴다면 지금까지와는 달리 공로에 따라 전리품을 공평하게 분배한다고 약속하겠소. 이제 묵은 감정은 털어버리고 맘껏 당신의 용맹을 뽐내보시오. 승리의 명예는 다 당신 차지가 될 것이오’라고 말하면서 진심어린 사과를 하고 명예욕을 자극했다면 그것으로 충분했다. 아킬레우스는 이 말을 들은 즉시 갑옷과 창을 챙겨들고 눈썹을 휘날리며 전쟁터에 달려 나갔을 것이다. 하지만《일리아스》에서는 이런 일이 일어나지 않았다.

아킬레우스는 귀국하겠다고 말은 했지만 돌아가고 싶은 생각은 전혀 없었다. 올림픽 대회만 빼고 모든 국내 대회와 국제 대회에 출전할 때마다 금메달을 휩쓸었던 창던지기 선수가 있다고 가정하자. 올림픽 출전을 앞두고 그에게 어머니가 “용하다는 사람한테 점을 봤는데 네가 이번 올림픽에 나가면 금메달은 따는데 죽는다는구나”고 말하면서 출전을 만류했다. 조금은 극단적인 예다. 아마 이 선수는 어머니의 반대에도 올림픽 출전을 포기하지 않을 것이다.

과학적이지 않은 말이기에 믿지 않을 가능성이 높지만 자신의 기량을 한껏 뽐낼 올림픽 무대를 포기하고 싶은 생각 또한 추호도 없을 것이다. 아킬레우스도 트로이 전쟁 전부터 그리스의 최고 용사로 명성을 날렸다. 어머니의 만류가 있었음에도 참전한 트로이 전쟁에서도 빛나는 무공을 세우고 있었다. 트로이 전쟁이라는 올림픽 무대에서 자신의 용맹을 맘껏 드러내 보이고 싶었다. 어떻게 참가한 트로이 올림픽인데 예선 통과에만 만족할 수는 없었다. 그리스 최고의 싸움꾼이자 인간 병기인 아킬레우스는 웬만하면 여인을 빼앗긴 굴욕도 참고 트로이 전쟁에서 금메달을 따고 싶었다.

아킬레우스는 분노를 삭인 채, 전투에서 이탈해 빈둥빈둥 시간을 보내며 결정적 한 방을 날릴 시기만 기다리고 있었다. 그리스 군대가 고전을 면치 못하자 아킬레우스의 친구 파트로클로스는 아킬레우스의 갑옷을 빌려 입고 전투에 참가하겠다고 말한다. 아킬레우스는 친구를 전쟁터에 내보면서 트로이 군대를 몰아내기만 하되 후퇴하는 그들을 뒤쫓아 더 큰 승리를 노리지 말라고 신신당부한다. 자신을 빼놓고 싸우는 것은 보상을 빼앗는 짓이라고도 말한다. 아킬레우스는 친구에게조차 명예를 빼앗기고 싶지 않은 사내였다. 아킬레우스 자신의 활약으로 전쟁의 국면을 바꾸고 명예와 영광을 독차지하고 싶었다. 친구 파트로클로스가 트로이 군대 최고의 용사이자 총사령관인 헥토르에게 죽자 아킬레우스는 다시 전투에 참여한다. 친구를 죽인 헥토르를 죽이며 맹활약하나 파리스의 화살에 유일한 약점인 발뒤꿈치를 맞아 죽는다.

아킬레우스 앞에는 목숨 연장과 명예라는, 함께 가질 수 없는 옵션이 있었다. 아킬레우스는 자신의 운명의 두 축에서 일찍 죽더라도 명성을 후세에 남기는 길을 선택했다. 어차피 인간은 언젠가는 죽어야 할 운명이라면 죽음을 다소 빨리 맞이한다고 한들 크게 문제 삼고 싶지 않았다. 이름을 드날릴 수 있다면 조금 일찍 죽는 것쯤이야 감수할 용의가 있었다.《일리아스》에는 '남자의 영광을 높여주는 싸움터'라는 표현이 자주 나온다. 전쟁을 남자의 명예를 다투고 빛나게 해주는 무대로 간주한다. 아킬레우스는 '남자의 영광을 높여줄' 트로이 전쟁에서 명예를 드높이고 싶은 자신의 꿈을 좇았다.

슐리만은 어렸을 때 아버지가 들려주는《일리아스》이야기를 들으며 트로이 유적 발굴의 꿈을 키웠다. 자신의 꿈을 좇아 최선을 다했던 아킬레우스가 슐리만에게는 꿈의 전도사였다. 슐리만의 어린 시절은 불우했다. 어머니는 슐리만이 아홉 살 때 세상을 떠났으며 집안 형편은 어려워 직업학교를 졸업하고 열네 살부터 식료품 가게 점원으로 일을 시작했다. 물론 나중에는 유적 발굴에 관한 논문으로 박사 학위를 받기도 했지만, 우리 식으로 말하면 그의 학력은 중졸이다. 점원 생활을 하던 어느 날, 주정뱅이 한 명이 가게에 들러 그리스어로《일리아스》를 들려주자 가진 돈을 몽땅 털어 그에게 술을 대접했다. 전혀 아깝다는 생각이 들지 않았다고 한다. 한마디도 알아들을 수 없었지만 그리스어 리듬에 감동을 받았다. 자신의 불행한 처지를 비관하여 눈물 흘리기도 하며 그리스어를 꼭 배우겠다고 다짐했다.

《일리아스》에서 슐리만에게 꿈의 가치를 심어준 인물로 그리스에 아킬레우스가 있다면, 트로이에는 헥토르가 있었다. 헥토르는 뛰어난 무장으로 트로이 전쟁 이전이나 전쟁 동안에 트로이의 수호신으로 받들어졌던 인물이다. 아버지인 프리아모스의 장남으로 트로이의 다음 왕이 될 사람이었다. 헥토르의 눈에는 한 여인에 눈이 먼 동생 파리스가 한심한 존재로만 느껴질 뿐이다.《일리아스》에서 헥토르는 전쟁터에서 메넬라오스를 두려워하며 피하는 파리스를 보고 이런 말을 한다.

가증스런 파리스여, 외모만 멀쩡하지 계집에 미친 유혹자여! 너는 차라리 태어나지 말았거나 장가들기 전에 죽었어야 해. 그것이 더 바람직한 일이었어. 이렇게 만인 앞에서 창피를 당하고 멸시를 받느니 그 편이 훨씬 나았을 테니까. 아마 장발의 아카이오이족은 멀쩡한 네 외모만 보고 너를 우리의 선봉장인 줄 알았다가 네 마음속에 아무런 힘과 투지가 없음을 보고 웃음을 터뜨리고 있겠지. 그

런 주제에 감히 충실한 전우들을 모아 가지고 바다를 여행하는 함
선들을 타고 대해를 건너가 이방인들과 사귀다가 머나먼 나라에
서 창수들의 며느리인 미인을 데려와 네 아버지와 도시와 모든 백
성들에게는 큰 고통이, 적에게는 기쁨이, 그리고 너 자신에게는
굴욕이 되게 했더란 말이냐?

_호메로스, 천병희 옮김,《일리아스》, 숲, 2007.

트로이의 왕자 파리스가 남의 아내를 납치해 돌아오는 바람에 트
로이 일상의 평화가 한순간에 깨져버렸다. 헥토르는 애물단지 동생
때문에 전쟁이 일어나 백성들이 도륙되는 일을 몹시 가슴 아파했다.
그는 동생의 사랑 놀음이 발단이 된 전쟁을 하루빨리 종식시켜야
된다는 꿈을 갖고 있었다. 헥토르의 아내 안드로마케는 헥토르에게
이렇게 말한다.

헥토르여! 당신이야말로 내게는 아버지요 존경스런 어머니며 오
라비이기도 해요. 나의 꽃다운 낭군이여! 그러니 자, 당신은 불쌍
히 여기시고 여기 탑 위에 머물러 계세요! 제발 당신의 자식을 고
아로, 당신의 아내를 과부로 만들지 마세요.

_호메로스, 천병희 옮김,《일리아스》, 숲, 2007.

안드로마케는 한참 전투를 하다 잠깐 성에 들른 남편을 보고 전쟁터에 나가지 말라고 통사정을 한다. 안드로마케의 부모와 일곱 명의 오라비는 아킬레우스에게 죽임을 당했다. 이제 안드로마케는 헥토르 밖에 의지할 사람이 없었다. 안드로마케는 헥토르가 싸우다 죽으면 자신은 과부가, 아들은 고아가 된다며 헥토르의 가슴을 후벼 판다. 헥토르는 아내의 말에 답한다.

난들 어찌 그런 모든 일들이 염려가 안 되겠소, 여보! 하지만 내가 만일 겁쟁이 모양 싸움터에서 물러선다면 트로이아인들과 옷자락을 끄는 트로이아 여인들을 볼 낯이 없을 것이요. 그리고 내 마음도 이를 용납하지 않소. 나는 언제나 용감하게 트로이아인들의 선두대열에 서서 싸우며 아버지의 위대한 명성과 내 자신의 명성을 지키도록 배웠기 때문이요.

_호메로스, 천병희 옮김,《일리아스》, 숲, 2007.

헥토르 또한 아킬레우스 못지않게 명예를 중요하게 생각했다. 헥토르는 트로이 전쟁 전부터도 전쟁이 벌어지면 항상 트로이 군대의 선두에 서서 용감하게 싸웠다. 그런데 동생인 파리스가 여자 문제를 일으켜 트로이 전체에 전쟁의 참상을 불러왔다. 이에 명예를 중요하게 생각하는 헥토르는 동생이 전쟁의 화근이 되었기에 자신이 중심이 되어 전쟁을 빨리 끝내야 된다는 책임감을 느낄 수밖에 없었다. 아버지 뒤를 이을 지도자로서 마땅히 트로이의 평화로운 일상을 회복하기 위해 자신의 모든 것을 던질 생각이었다. 트로이 최고의 용사인 자신이 태만하거나 무너지면 트로이도 멸망할 수밖에 없다는 점을 누구보다 잘 알고 있었다. 트로이의 운명이 자신의 어깨 위에 걸려 있는 때에 한가로이 아내와 아들을 걱정할 겨를이 없었다. 그는 언제 죽을지 목숨을 장담할 수 없는 전쟁터에서 최선을 다하다 스러졌다. 헥토르는 그리스 군대의 침략으로부터 자신의 명예와 백성과 나라 그리고 가족을 지키는 소중한 꿈에 충실했다.

슐리만은 어린 시절 아버지가 들려주는 《일리아스》 이야기를 들으며 트로이 발굴의 꿈을 가졌는데 어떤 어려움이 닥쳐도 그 꿈을 잊지 않았다. 그는 점원으로 일하던 가게에서 쫓겨나자 베네수엘라로 가는 배의 선원이 된다. 함부르크를 떠난 배는 폭풍우를 만나 네덜란드에서 난파당하고 가까스로 구조된다. 조국으로 돌아가는 것을 포기하고 네덜란드에서 직장을 얻어 어학 공부에 힘을 쏟는다. 그는 훗날 그리스어, 라틴어, 영어, 프랑스어, 네덜란드어, 스페인어, 이탈리아어, 포르투갈어, 러시아어, 스웨덴어, 폴란드어를 배워 모두 자유롭게 말하고 쓸 수 있는 정도가 되었다. 물론 유럽 언어가 서로 어원과 구조가 비슷하여 하나의 언어를 알면 다른 언어를 쉽게 배울 수 있다고는 해도 굉장한 노력을 했을 것이다. 심지어 그는 아랍어를 공부하기도 했다. 이 정도면 어학의 달인이라고도 할 만하다.

슐리만이 배운 많은 언어 중에서도 그리스어는 그에게 특별한 의미가 있었다. 그는 꿈의 시작이었던《일리아스》를 이제는 그리스어 원전으로 수도 없이 읽으며 트로이 유적 발굴의 꿈을 차츰차츰 구체적으로 다져나갈 수 있었다. 슐리만의 어학 실력은 나중에 유적 발굴 작업에도 크게 도움이 되었다. 여러 나라를 돌아다니면서 사람들과 자유롭게 고대 유물, 유적에 관한 대화를 나눌 수 있었다. 슐리만은 네덜란드 무역회사의 대리인으로 러시아 상트페테르부르크에 파견되어 놀랄 만한 사업성과를 보여주었다. 자신감을 얻은 그는 러시아에서 독립하여 사업으로 엄청난 부를 거머쥔다. 마흔세 살에 이미 그의 재산은 소년 시절부터 마음속에 품었던 꿈을 실현할 정도가 되었다. 사업가로 바쁘고 정신없을 때에도 트로이를, 그리고 언젠가는 그곳을 발굴해야겠다고 아버지에게 약속한 일을 단 하루도 잊지 않았다. 슐리만은 사업을 정리하고 고고학이라는 새로운 분야에 뛰어들기에 앞서 튀니지, 이집트, 인도, 중국, 일본, 미국, 멕시코 등을 여행하기도 했다. 마흔다섯 살에는 그때의 경험을 바탕으로 《현재의 중국과 일본》을 쓰기도 했다. 그는 마흔아홉 살까지 오로지 트로이 유적 발굴을 위해서 악착같이 돈을 벌고 공부를 했으며 세계 여행을 다녔다.

슐리만은 마흔아홉 살이던 1871년 10월, 드디어 어린 시절부터 꿈꿔왔던 트로이 발굴의 첫 삽을 뜨고, 이듬해부터 본격적인 발굴을 했다. 그 당시 많은 학자들은 터키의 부나르바시와 히사를리크 언덕이 트로이 성채가 있었던 곳으로 주목했다. 그러나 슐리만은 부나르바시 언덕을 둘러보면서 주변의 평야가 너무 좁고 해안에서 너무 멀리 떨어져 있어서 이 지역은 트로이가 아니라고 판단했다. 발굴 과정에서 그는 고집스럽게《일리아스》에 나오는 표현을 믿었다. 《일리아스》는 슐리만에게 확실한 보물지도이자 길잡이였다.《일리아스》에는 그리스인이 배를 정박해둔 곳에서 트로이를 하루에도 몇 번씩 옮겨 다니며 싸웠다는 구절이 나온다. 하지만 부나르바시 언덕은 해안에서 세 시간이나 걸리는 거리였다. 하루에 몇 번씩 오고가며 싸우기에는 해안에서 너무 멀리 떨어진 지역이다. 또한《일리아스》에는 아킬레우스가 헥토르를 쫓아 세 번이나 성 주위를 돌았다는 내용도 있다. 부나르바시는 경사가 심해서 그곳을 돌 수 있는 지형이 아니었다. 그래도 슐리만은 이 지역에서 발굴 작업을 진행해보았으나 트로이 흔적을 찾을 수 없었다. 그러자 그는 해안에서 한 시간 정도 거리에 있으며 평야를 내려다볼 수 있는 히사를리크 언덕으로 눈을 돌렸다. 《일리아스》에 나오는 표현으로 미루어볼 때, 이곳이야말로 트로이라고 확신했다. 슐리만은 몇 차례에 걸친 히사를리크 발굴 작업을 통해 이곳이 트로이 유적지임을 세상에 증명함으로써 어릴 적부터 간직해 온 평생의 꿈을 이루었다.

슐리만에게 꿈을 심어준 《일리아스》의 배경이 되는 트로이 전쟁은 오랜 세월 전설로만 존재했다. 그러나 슐리만의 발굴 작업으로 약 3,000년 전에 일어났던 트로이 전쟁은 이제 신화에서 역사가 되었다. 문자 기록도 중요하지만, 기록이 유물과 유적으로 뒷받침되어야만 비로소 역사로 인정된다. 사마천의 《사기》에 중국의 고대 왕조인 하, 은, 주나라 기록이 나온다. 주나라와 춘추전국시대는 기록, 유물, 유적을 통해 역사로 인정되어 왔다. 은나라는 청나라 때인 1899년에 짐승의 뼈나 거북의 껍질에 새겨진 갑골문자가 발견되고서야 비로소 역사가 되었다. 유물과 유적이 뒷받침되지 않는 하나라는 단지 기록상의 왕조일 뿐이다. 그런 의미에서 아직까지는 중국 최초의 고대 국가는 하나라가 아니고 은나라다. 마찬가지로 슐리만이 평생의 꿈이었던 트로이 유적을 발굴함으로써 트로이 전쟁은 역사가 되었다.

슐리만은 한평생을 《일리아스》와 사랑에 빠져 살다 간 사람이다. 자녀 이름도 《일리아스》에 나오는 인물 이름을 땄다. 딸은 트로이 총사령관 헥토르의 아내인 안드로마케, 아들은 그리스 총사령관인 아가멤논으로 지었다. 생전의 슐리만은 트로이를 상징하는 장식물로 꾸며진 아테네 대저택에서 살았다. 죽은 뒤에는 아테네에 묻혔는데 관 위에는 평생 연인이었던 호메로스의 흉상이 함께했다. 슐리만의 발굴 사업을 지원했던 독일인 되르펠프는 다음과 같은 말로 그의 죽음을 슬퍼했다. "편안히 잠들라. 그대는 이미 할 일을 충분히 다 했노라."

트로이를 세상에 드러내 보였던 하인리히 슐리만은 여덟 살 때부터 간직한 꿈을 40여 년 후에 이루었다. 인류와 사회에 해를 끼치지 않는다면, 이루고자 했던 꿈이 무엇이든 평생의 꿈을 이룬 사람은 행복한 사람이다. 그런 면에서 슐리만은 행복한 사람이었다. 낮은 학력과 힘든 생활에도 굴하지 않고 악착같이 돈을 모아 트로이를 역사의 무대라고 증명했다. 《일리아스》는 그에게 평생 간직할 꿈을 심어주었다. 한 권의 책이 한 사람의 운명을 결정했다. 우리 모두가 한 권의 책을 통해 평생 이룰 꿈 하나를 가질 수만 있다면, 더 바랄 나위가 없을 것이다.

# 참고문헌

—

• 공감능력이 사람을 움직인다 _《역사란 무엇인가》와 안철수

안철수,《안철수: 경영의 원칙》, 서울대학교출판문화원, 2011.

______,《CEO 안철수, 영혼이 있는 승부》, 김영사, 2005.

______,《CEO 안철수, 지금 우리에게 필요한 것은》, 김영사, 2004.

______,《행복바이러스 안철수》, 리젬, 2009.

안철수, 박경철 등,《내 인생의 결정적 순간》, 이미지박스, 2007.

E.H. 카, 김택현 옮김,《역사란 무엇인가》, 까치, 2001.

______, 이화승 옮김,《역사란 무엇인가(한글판+영문판 세트)》, 베이직북스, 2009.

이채윤,《안철수의 서재》, 푸른영토, 2011.

조녀선 해슬럼, 박원용 옮김,《E.H. 카 평전》, 삼천리, 2012.

조지형,《랑케 & 카》, 김영사, 2006.


• 밀알정신이 세상을 변화시킨다 _《사기》와 마오쩌둥

______, 버튼 윗슨, 박혜숙 옮김,《위대한 역사가 사마천》, 한길사, 1995.

사마천, 김영수 옮김,《완역 사기 본기 1》, 알마, 2010.

______, 김원중 옮김,《사기 본기》, 민음사, 2010.

______, 이언호 옮김,《사기 본기》, 큰방, 2009.

사마천,《사기 세가(상, 하)》, 까치, 1996.

______, 김원중 옮김,《사기 세가》, 민음사, 2010.

사마천,《사기 열전(상, 중, 하)》, 까치, 1995.

______, 김원중 옮김,《사기 열전(1, 2)》, 민음사, 2007년

웨이웨이, 송춘남 옮김,《소설 대장정(1~5)》, 보리, 2011.

이원섭 옮김,《당시》, 현암사, 1999.

해리슨 E. 솔즈베리, 정성호 옮김, 《대장정》, 범우사, 1999.


• 평생 배우자, 그것이 바로 인생이다 _ 《논어》와 이병철

김학주 옮김, 《논어》, 서울대학교출판문화원, 2009.
마쓰시타 고노스케, 김정환 옮김, 《영원한 청춘》, 거름, 2003.
박상하, 《삼성신화 호암 이병철과의 대화》, 알라딘하우스, 2010.
북경대학교철학과연구실, 박원재 옮김, 《중국철학사 1》, 간디서원, 2005.
사마천, 《사기 세가(상, 하)》, 까치, 1996.
시부사와 에이치, 노만수 옮김, 《논어와 주판》, 페이퍼로드, 2009.
야지마 긴지, 이정환 옮김, 《삼성경영철학》, W미디어, 2006.
이기동 역해, 《논어강설》, 성균관대학교출판부, 2011.
이병철, 《호암자전》, 중앙일보사, 1986.
장기근 옮김, 《신완역 논어》, 명문당, 2002.
풍우란(펑유란), 《중국철학사(상, 하)》, 까치, 1999.
홍하상, 《이병철 경영대전》, 바다, 2004.


• 소통능력은 리더의 최고 덕목이다 _ 《서경》과 정조

김문식, 《정조의 제왕학》, 태학사, 2007.
김학주 편역, 《서경》, 명문당, 2002.
박광용, 《영조와 정조의 나라》, 푸른역사, 1998.
박현모, 《정치가 정조》, 푸른역사, 2003.
백승호 · 장유승 공역, 임영택 · 진재교 해제, 《정조 어찰첩(상, 하)》, 성균관대학
    교출판부, 2009.
안대회, 《정조 치세어록》, 푸르메, 2011.
윤희진, 《제왕의 책》, 황소자리, 2007.
이기동 역해, 《서경강설》, 성균관대학교출판부, 2011.

이덕일,《정조와 철인정치의 시대(1, 2)》, 고즈윈, 2008.

정옥자 등,《정조시대의 사상과 문화》, 돌베개, 1999.

정조 이산, 김월성·장개충 옮김,《정조, 이산의 오경백편》, 느낌이있는책, 2009.

허균, 이경애 편,《홍길동전》, 홍신문화사, 2007.

《조선왕조실록》, 조선왕조실록 홈페이지 www.sillok.history.go.kr

• 사람을 신뢰하면 천하를 얻는다 _《맹자》와 정도전

김용옥,《삼봉 정도전의 건국철학》, 통나무, 2004.

박영규,《한권으로 읽는 고려왕조실록》, 웅진닷컴, 2010.

사마천,《사기 열전(상)》, 까치, 1995.

이상각,《고려사》, 들녘, 2010.

정도전, 정 병철 편저,《삼봉집(1~4)》, 한국학술정보, 2009.

차주환 역저,《맹자: 신완역 한글판》, 명문당, 2002.

한영우,《정도전》, 지식산업사, 1999.

• 양심에 따라 사는 것보다 더 위대한 삶은 없다 _《시민의 불복종》과 간디

간디, 박홍규 옮김,《간디 자서전》, 문예출판사, 2007.

김형준,《이야기 인도사》, 청아출판사, 2006.

라가반 이예르 편, 허우성 옮김,《문명·정치·종교》, 소명출판, 2004.

______, 허우성 옮김,《비폭력 저항과 사회변혁(상, 하)》, 소명출판, 2004.

스탠리 월퍼트, 이창식 등 옮김,《인디아그 역사와 문화》, 가람기획, 1999.

앤드류 커크, 유강은 옮김,《세계를 뒤흔든 시민 불복종》, 그린비, 2005.

요게시 차다, 정영목 옮김,《마하트마 간디》, 한길사, 2001.

차기벽,《간디의 생애와 사상》, 한길사, 2004.

헨리 D. 소로우, 강승영 옮김,《시민의 불복종》, 은행나무, 2011.

______, 강승영 옮김,《시민의 불복종》, 이레, 1999.

______, 윤규상 옮김, 《소로우의 일기》, 도솔, 2003.


• 리얼리스트의 희망만이 현실이 된다 _《자본론》과 체 게바라

강신준, 《자본론의 세계》, 풀빛, 2007.

데이비드 하비, 강신준 옮김, 《맑스 자본 강의》, 창비, 2011.

______, 이강국 옮김, 《자본이라는 수수께끼》, 창비, 2012.

로저 프라이스, 김경근 · 서이자 옮김, 《혁명과 반동의 프랑스사》, 개마고원, 2001.

마이크 곤살레스, 이수현 옮김, 《체 게바라와 쿠바혁명》, 책갈피, 2005.

V. I. 레닌, 김승일 옮김, 《자본론》, 범우사, 2009.

알레이다 마치, 박채연 옮김, 《체che, 회상》, 랜덤하우스코리아, 2008.

자크 아탈리, 이효숙 옮김, 《마르크스 평전》, 예담, 2006.

장 코르미에, 김미선 옮김, 《체 게바라 평전》, 실천문학사, 2005.

천샤오추에, 양성희 옮김, 《쿠바, 잔혹의 역사 매혹의 역사》, 북돋움, 2007.

체 게바라, 홍민표 옮김, 《체 게바라의 모터사이클 다이어리》, 황매, 2004.

카를 마르크스, 강신준 옮김, 《자본 I -1》, 길, 2008.

______, 강신준 옮김, 《자본 I -2》, 길, 2008.

______, 김수행 옮김, 《자본론: 젊은 지성을 위한》, 두리미디어, 2012.

K. 마르크스, 김수행 옮김, 《자본론(전 5권)》, 비봉출판사, 2002~2005.

프랜시스 윈, 정영목 옮김, 《마르크스 평전》, 푸른숲, 2001.

Marx, Karl, *Capital: Volume 1: A Critique of Political Economy* (Penguin Classics),

Trans. Ben Fowkws, reprint ed., Penguin Classics, 1992.


• 자만을 이기는 순간 한 인간으로 성숙한다 _《로마제국 쇠망사》와 처칠

실리아 샌디스 · 조나단 리트만, 박강순 옮김, 《우리는 결코 실패하지 않는다》, 한
스미디어, 2004.

앨런 액슬로드, 구세희 옮김, 《인생, 전쟁처럼》, 21세기북스, 2010.

에드워드 기번, 강석승 옮김,《로마제국쇠망사》, 동서문화사, 2007.
______, 데로 손더스 편, 황건 옮김,《로마제국쇠망사》, 청미래, 2004.
______, 윤수인 등 옮김,《로마제국쇠망사(1~6)》, 민음사, 2010.
윈스턴 S. 처칠, 조원영 옮김,《폭풍의 한가운데》, 아침이슬, 2003.
______,《처칠, 나의 청춘기》, 2001.
제프리 베스트, 김태훈 옮김,《절대 포기하지 않겠다》, 21세기북스, 2010.
존 램스덴, 이종인 옮김,《처칠》, 을유문화사, 2004.

• 사람은 누구나 자신만의 독립선언이 필요하다 _《통치론》과 제퍼슨

문지영,《홉스&로크》, 김영사, 2007.
스테파니 슈워츠 드라이버, 안효상 옮김,《세계를 뒤흔든 독립선언서》, 그린비, 2005.
워드 처칠, 황건 옮김,《그들이 온 이후》, 당대, 2010.
전국역사교사모임,《처음 읽는 미국사》, 휴머니스트, 2010.
정경희,《토머스 제퍼슨》, 선인, 2011.
존 로크, 강정인·문지영 옮김,《통치론》, 까치, 2007.
토머스 제퍼슨, 이병규 편역,《토머스 제퍼슨의 이해》, 세종출판사, 2005.
______, 차태서 옮김,《토머스 제퍼슨》, 프레시안북, 2010.

• 살아남아라, 그것이 인생의 제일 명령이다 _《이기적 유전자》와 최재천

리처드 도킨스, 이용철 옮김,《눈먼 시계공》, 사이언스북스, 2004.
______, 홍영남·이상임 옮김,《이기적 유전자》, 을유문화사, 2010.
스티븐 제이 굴드, 홍욱희·홍동선 옮김,《다윈 이후》, 사이언스북스, 2009.
재닛 브라운, 임종기 옮김,《찰스 다윈 평전 1》, 김영사, 2010.
______, 이경아 옮김,《찰스 다윈 평전 2》, 김영사, 2010.
찰스 다윈, 송철용 옮김,《종의 기원》, 동서문화사, 2009.

최재천,《개미제국의 발견》, 사이언스북스, 1999.
______,《과학자의 서재》, 명진출판, 2011.
______,《다윈지능》, 사이언스북스, 2012.


• 스스로 성취하는 것만이 자신의 것이다 _《에밀》과 페스탈로치

김수동,《루소의 자연주의 교육사상》, 문음사, 1997.
김정환,《페스탈로치의 생애와 사상》, 박영사, 2008.
맹찬형,《따뜻한 경쟁》, 서해문집, 2012.
요한 하인리히 페스탈로치, 김선양 옮김,《겔트루드는 어떻게 그의 자녀를 가르치
　　　나》, 한국학술정보, 2008.
이상민,《독일어 사용 4개국》, 다해, 2011.
이성만,《스위스 문화 이야기》, 역락, 2004.
장 자크 루소, 김중현 옮김,《에밀》, 한길사, 2005.
______, 정봉구 옮김,《에밀》, 범우, 2006.
주영흠,《자연주의 교육사상》, 학지사, 2003.


• 더불어 사는 일보다 더 중요한 원칙은 없다 _《침묵의 봄》과 앨 고어

더그 맥두걸, 조혜진 옮김,《우리는 지금 빙하기에 살고 있다》, 말글빛냄, 2005.
레이첼 카슨, 김은령 옮김,《침묵의 봄》, 에코리브르, 2011.
알렉스 맥길리브레이, 이충호 옮김,《세계를 뒤흔든 침묵의 봄》, 그린비, 2005.
앨 고어, 김명남 옮김,《불편한 진실》, 좋은생각, 2006.
______, 김지석 · 김춘이 옮김,《우리의 선택》, 알피니스트, 2010.

• 자유인이 아니라면 아직 성공한 인생이 아니다_《그리스인 조르바》와 박웅현

니코스 카잔차키스, 이윤기 옮김,《그리스인 조르바》, 열린책들, 2008.
박웅현,《책은 도끼다》, 북하우스, 2011.
박웅현 · 강창래,《인문학으로 광고하다》, 알마, 2009.


• 평생 이룰 꿈을 가진 자, 그대는 행복하다_《일리아스》와 슐리만

마저리 브라이머, 전하림 옮김,《슐리만의 트로이 발굴기》, 보물창고, 2007.
배리 스트라우스, 최파일 옮김,《트로이 전쟁》, 뿌리와이파리, 2010.
하인리히 슐리만, 김병모 옮김,《하인리히 슐리만 자서전》, 일빛, 2004.
호메로스, 천병희 옮김,《일리아스》, 숲, 2007.

국립중앙도서관 출판시도서목록(CIP)

한 권의 책이 한 사람의 인생을 바꾼다 / 임영택,
박현찬. — 고양 ; 위즈덤하우스, 2013
    p. ;    cm

ISBN 978-89-6086-606-5 13190 : ₩13000

독서[讀書]

029-KDC5
028-DDC21                          CIP2013007211

# 한 권의 책이 한 사람의 인생을 바꾼다
: 명사, 그들이 만난 고전

초판 1쇄 발행 2013년 6월 5일  초판 3쇄 발행 2014년 1월 22일

지은이 임영택 · 박현찬
펴낸이 연준혁

출판 2분사 분사장 이부연
1부서 편집장 김남철
디자인 함지현  제작 이재승

펴낸곳 (주)위즈덤하우스  출판등록 2000년 5월 23일 제13-1071호
주소 (410-380) 경기도 고양시 일산동구 정발산로 43-20 센트럴프라자 6층
전화 (031)936-4000  팩스 (031)903-3895
홈페이지 www.wisdomhouse.co.kr  전자우편 yedam1@wisdomhouse.co.kr
종이 월드페이퍼  인쇄 · 제본 (주)현문  후가공 이지앤비

값 13,000원  ⓒ임영택 · 박현찬, 2013
ISBN 978-89-6086-606-5  13190